中公新書 2537

曽我謙悟著

日本の地方政府

1700自治体の実態と課題

中央公論新社刊

はじめに

五八兆五〇〇〇億円、GDPの約一一%。これが日本経済全体に占める地方政府、すなわち都道府県と市町村全体の最終支出の重みである。国（中央政府）のそれは二二兆円あまりにすぎないので、その二・五倍にも及ぶ（二〇一六年度。総務省『地方財政白書』平成三〇年度版）。

また、地方公務員の総数は二七四・四万人。これは、自衛隊職員など特別職も含む国家公務員五八・三万人（二〇一七年度。人事院『年次報告書』平成二九年度版）の四・七倍、自動車製造部門従業者七八・五万人の三・五倍となる。水道の供給、ゴミの収集、小中学校から介護サービスまで、あらゆる人の生活は、地方政府の活動によって支えられている。

地方政府は、私たちの社会や経済にとって大きなウェイトを占め、日常生活にも深く関わる。

しかし、地方政府とは、実は理解が難しい存在である。知事や市町村長と議会、行政、そして住民の関係は複雑に絡む。一方では国からの影響を、他方では地域の社会や経済からの影響を大きく受ける。内部のしくみと外部から受ける影響、これらを総合して理解しなければ実態が捉《とら》えられない。

さらに、地方政府は多様でもある。都道府県と市町村の違いがあるうえに、都と道府県には大きな違いが、市と町村にも若干の違いがある。同じ市のなかでも指定都市、中核市と一般の市がある。都道府県と市町村のなかでの規模の違いも大きい。一三五〇万人を超える東京都から五七万人の鳥取県まで、二四倍ほどの差がある。人口最大の市である横浜市の人口は三七〇万人、逆に人口最小の村は、福島第一原発事故の影響で居住者が激減している地域を除くと、東京都青ヶ島《あおがしま》村で一七八人が住む。その差は二万倍を超える。

このわかりにくい構造と、多様性の大きさは、複雑に交錯し、さらに地方政府の理解を難しくする。これらの絡み合った要因を解きほぐし、日本の地方政府の実態とその根底にある構造を描き出すこと、それが本書のねらいである。

タイトルを含め、ここまでもすでに地方政府という言葉を使ってきた。「地方政府」とは耳慣れない表現だと訝《いぶか》しく思われた方も多いだろう。日本では都道府県と市町村について、一般には地方自治体、法令用語としては地方公共団体という言葉が用いられてきた。さらに日常的には、県庁、市役所、町役場といった言葉が地方の行政機構を意味する。

これらは地方における政治や行政のあり方についての認識を示している。つまり、私たちは地方では「政府」は存在せず、行政機構だけが存在しているという見方、とりわけ国が決定した政策を実施する存在であるといった見方に知らず知らずのうちに立ってきた。

しかし、それは実態とは異なる。地方にも政治はあり、立法活動も行われている。地域住民の意思で政治的代表を選び出し、政治家や行政職員たちの活動が独自の政策形成につながる。そしてその政策が地域社会や経済に影響を与えていく。こうした地方における代表と統治の全体を理解するために、本書は「地方政府」という言葉を用いる。

では、それぞれの地域で、どのように政治が営まれていくのか。言い換えるならば地方政治の実態を捉えるためには、どうすればいいのだろうか。

それには、政治制度、中央・地方関係、地域社会・経済と地方政府の関係といった三つを理解しなければならない。これら三つが絡み合うところに、地方政府はあるからである。

地方政府は統治機構として独自の政治制度を備えており、その制度の論理に基づいて動く。しかし同時に地方政府は、国家のなかで、特定の地域に基礎を置く存在である。それゆえ、中央政府との関係、地域の社会・経済との関係のそれぞれを抜きにして地方政府は理解できない。いわば、地方政府は中央政府と地域に埋め込まれた存在なのである。

地方政府を規定する三つの絡み合った糸、政治制度、中央・地方関係、地域社会・経済との関係のうち、戦後長らく一九九〇年代までの議論の中心になってきたのは、中央・地方関係であった。そこでは、中央集権的な中央・地方関係が、日本の地方政府を地方「政府」たらしめない最大の要因であると考えられてきた。中央政府が巨大な権限を持ち、地方政府の行財政制度に強い制約をかけていたため、地方政府は自律的に意思決定ができなかったと考えられてきたのである。

冷戦が終わり、自民党の長期政権も終わりを迎えた一九九〇年代、統治機構改革が進むなかで、地方分権改革も進み出す。自社さ連立の村山富市《むらやまとみいち》政権から自民党の橋本龍太郎《はしもとりゅうたろう》政権にかけての時期である。

この第一次地方分権改革の成果が二〇〇〇年代に実施されたことに加え、小泉純一郎《こいずみじゅんいちろう》政権では三位一体の改革と呼ばれる税財政改革が行われた。その後も中央政府から地方政府への制約を減らす試みが続けられている。安倍晋三《あべしんぞう》政権下でも、特区の導入や、地方創生政策の取り組みが行われている。

だが、日本の地方政府は、以前よりも強い自治を持つことによって、機能的な存在になったのだろうか。人々はその利点を受けられるようになったのだろうか。空き家問題、高齢者の介護の問題、少子化、労働者不足、イノベーションの創出、貧困者の増大、インフラの老朽化、いじめや学力低下などの教育問題……いずれの課題も地方政府と深い関わりを持つ。地方政府はこうした課題に十分取り組めているのか。問題があるとすれば、どこに原因があるのか。

本書は、現代日本の地方政府の実態を、政治制度、中央との関係、地域社会・経済との関係から、戦後七〇年の間に生じた変化と連続性、他国の地方政府との間に見られる共通性と異質性にも留意しつつ、描き出す。それは地方政府という観点から、現在の日本が抱える課題を照らし出すことでもある。地域から日本を構想する。その基盤となる知識を本書では提示したい。

目次

日本の地方政府——一七〇〇自治体の実態と課題

序章　地方政府の姿――都道府県・市町村とは

さまざまな地方政府

最初に、日本の地方政府の全体像を眺めておこう。

地方政府とは、国家の一部の、一定の地理的範囲を所管する政府である。一国のなかの地域に根ざした政府ともいえる。具体的には、都道府県や市町村のことである。一般には、地方自治体と呼ばれ、法律用語では地方公共団体とされる。全体として、対比されるのは中央政府であり、こちらは一般には国とも呼ばれる。

日本の地方政府は、都道府県と市町村の二種類に分けられる。都道府県はより広い地域を基盤とすることから広域政府や広域自治体とも呼ばれる。市町村は住民により近い存在として、基礎自治体とも呼ばれる。都道府県と市町村の基礎的なしくみは、明治の最初の二〇年間ほど、紆余曲折《うよきょくせつ》を経ながら形作られてきた。それ以降もさまざまな変更が加えられつつ、一〇〇年以上にわたり、この二種類の地方政府が存在し続けてきたことは、日本の地方政府の第一の特徴である。

0－1　都道府県と市区町村の規模（2018年）

	都道府県	市町村	特別区
数	47	1718	23
平均人口（万人）	269	7.4	41.5
平均面積（㎢）	8043	220	27

都道府県と市区町村の数、人口、面積については0－1にまとめた。

都道府県は、河川や道路などインフラ整備、高校の設置・管理、小中を含む公立学校の教職員の任免や給与負担、警察、広域的な都市計画、加えて、児童相談所や保健所の設置などを原則として担う。

市町村は、生活保護、介護保険、国民健康保険、都市計画、上下水道、小中学校の設置・管理、廃棄物収集、消防、住民票発行などを行う。

都道府県のうち、道府県は、現在では歴史的由来による名称の違いにすぎない。これに対して都は、東京都だけに適用されている特殊な制度である。都心二三区では、通常は市が行う業務の一部を都が担当するとともに、財源の一部も都が持っている。具体的には、上下水道や消防を都が担っている。東京の二三区は、この特殊なしくみの一部であり、特別区と称される。都制は、大都市特有の問題に対応するための制度である。

市町村のなかにも、大都市に適用される制度がある。指定都市（一般には政令指定都市や政令市ともいわれる）の制度である。これは一九五〇年代にできたしくみだが、その後、一九九六年に中核市の制度が加えられた。これらは主として、都道府県の権限の一部を移譲するしくみである。都制のような税源の移譲はほとんど行われない。

0-2　都制，指定都市，中核市

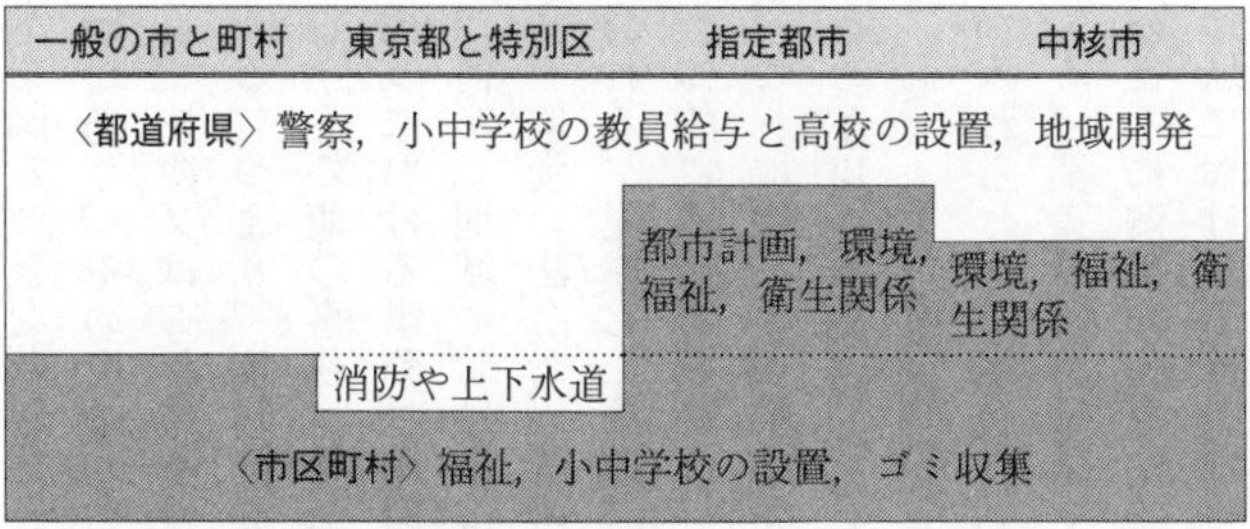

市、町、村の権限はほぼ等しい。町村は福祉事務所を設置しなくてもよく、生活保護などの事務を行わない。村が町になるための条件は、都道府県ごとの条例で定める。町が市になる要件は地方自治法で定められている。どちらも人口が中心であり、町になるには人口三〇〇〇人から一万五〇〇〇人（都道府県により異なる）、市になるには人口五万人を基準とする。ただし合併促進のために要件が緩和された時期もある。

以上をまとめて模式的に示すと、0-2となる。一般の市町村に比べ、東京都と特別区だけは、都道府県レベルの役割が大きく、逆に、指定都市と中核市は、市町村レベルの役割が大きくなる。以下、本書では、特別区にもあてはまる場合でも、煩《はん》瑣《さ》を避けて市町村の表現を用いる。

曖昧な権限

ここまで地方政府の種類による権限の違いを述べたが、実は、地方自治法では、地方政府の権限は明記されていない。

地方政府の役割については、第一条の二で、「住民の福祉の増進を図ることを基本として、地域における行政を自主的かつ総合的に実施する役割」との規定があり、その所管する事務については、第二条二で、「地域における事務及びその他の事務で法律又はこれに基づく政令により処理することとされるものを処理する」と定められている。つまり、権限は大きく二つからなる。「地域における事務」と法律や政令で定められる「その他の事務」である。

「地域における事務」が原則で、残りが「その他の事務」のように見えるが、実態はその逆だ。何が「地域における事務」かは不明確だが、個別の法律や政令の定めは明確だからだ。まず、個別の法令で「その他の事務」が具体化される。残る部分で「地域における事務」が行われる。先述した都道府県と市町村の権限も、個別の法令に定められている。

具体的に述べてみよう。たとえば、ショッピングモールなどの大規模小売店舗の出店である。これには、大規模小売店舗立地法による規制がかかり、事業者は周辺の生活環境保持のための配慮を求められるが、何を配慮すべき事項として決めるのかは経済産業大臣である（第四条）。事業者の届出を受け取り（第五条）、その内容についての意見を述べ（第八条）、意見が入れられない場合に勧告を出せる（第九条）のは、都道府県および指定都市（第一五条）である。都道府県が意見を出す際に、市町村の意見は必ず聴取しなければならない（第八条）。

このように個別の法律内で、何を行えるかの権限配分がなされる。

「地域における事務」は、こうした法律の規定がない場合にはじめて行うことができる。国の法律が多く存在すればするほど、その範囲は狭まっていく。したがって、地方政府が持つ決定権限は、形式上はきわめて概括的であり、広範に見えるが、実際には、個別の法律により定められ、その全体像は捉えづらい。一つひとつの法律の規定の集積が、地方政府の権限となるのである。

複雑な税財政制度

金銭面から日本の地方政府を見たときの特徴は、中央政府と強く融合していることである。歳入については、国からの大規模な財政移転が行われている。財政移転は、地方交付税といわゆる補助金の二本立てになっている。地方交付税は地方政府の判断で何に使ってもよく、補助金は使途が限定されている。歳出面では、ほとんどの政策領域で、中央政府と地方政府の双方が歳出を行っている。

このことをデータで確認しておこう。0－3が中央と地方の歳入・歳出の流れを示す。中央政府の歳入は九七・七兆円にのぼるが、直接、歳出として用いられるのは半分に満たない四五・二兆円にすぎない。国債の発行が続いており、その返済に二〇兆円以上が回ることもあるが、地方への財政移転が三〇兆円近くにのぼるからでもある。逆に、地方政府の税収は四〇兆円弱だが、歳出の総額は七一・三兆円となっている。

0－4は、政策領域別に、縦方向の長さで政策領域の歳出額の大きさを示し、横方向の区

0－3　中央と地方の歳入・歳出

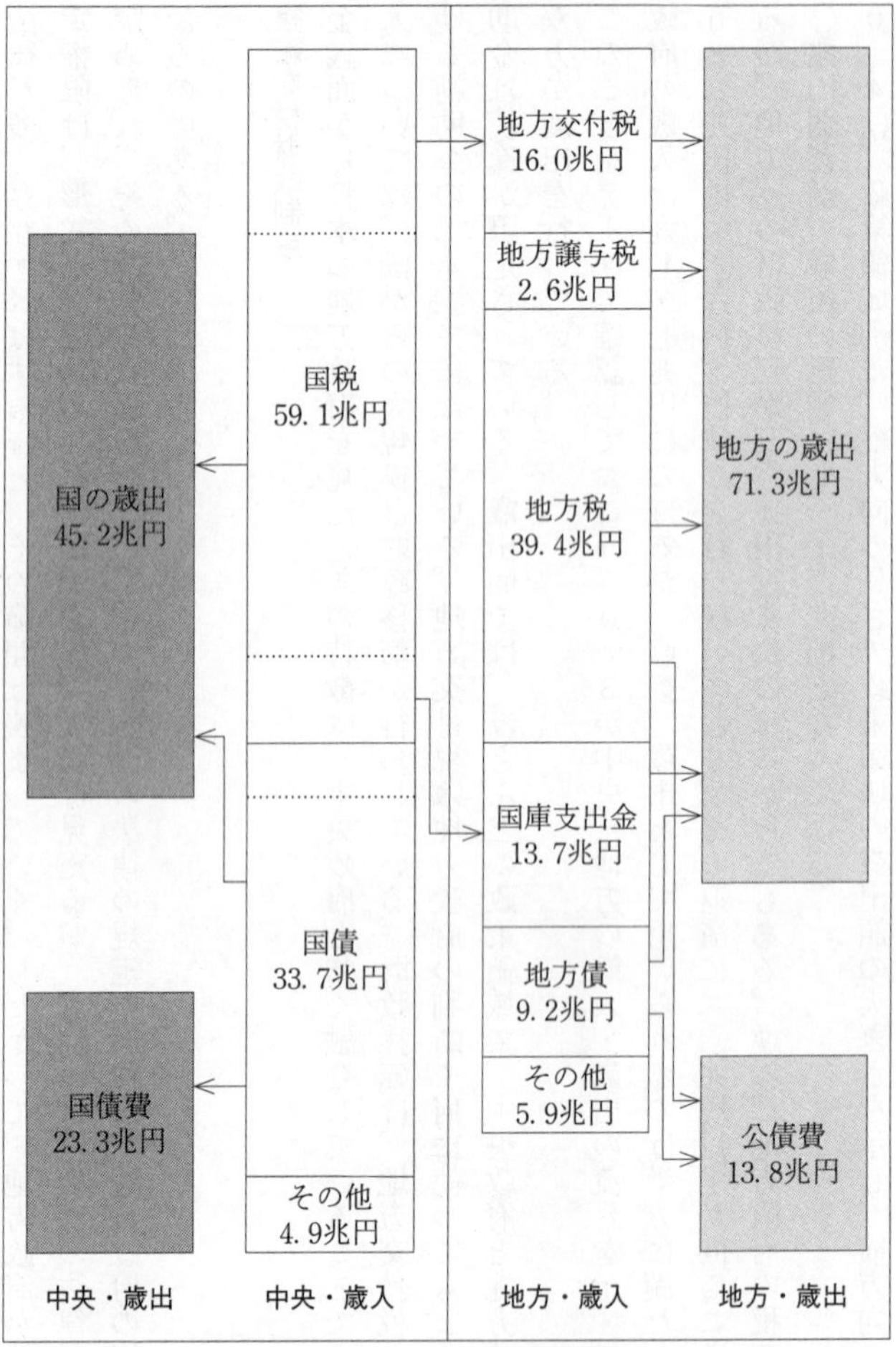

出典：総務省『地方財政計画』（平成30年度）に基づき筆者作成．四捨五入のため合計が合わないところがある

0－4　政策領域別の歳出規模と中央・地方の比率

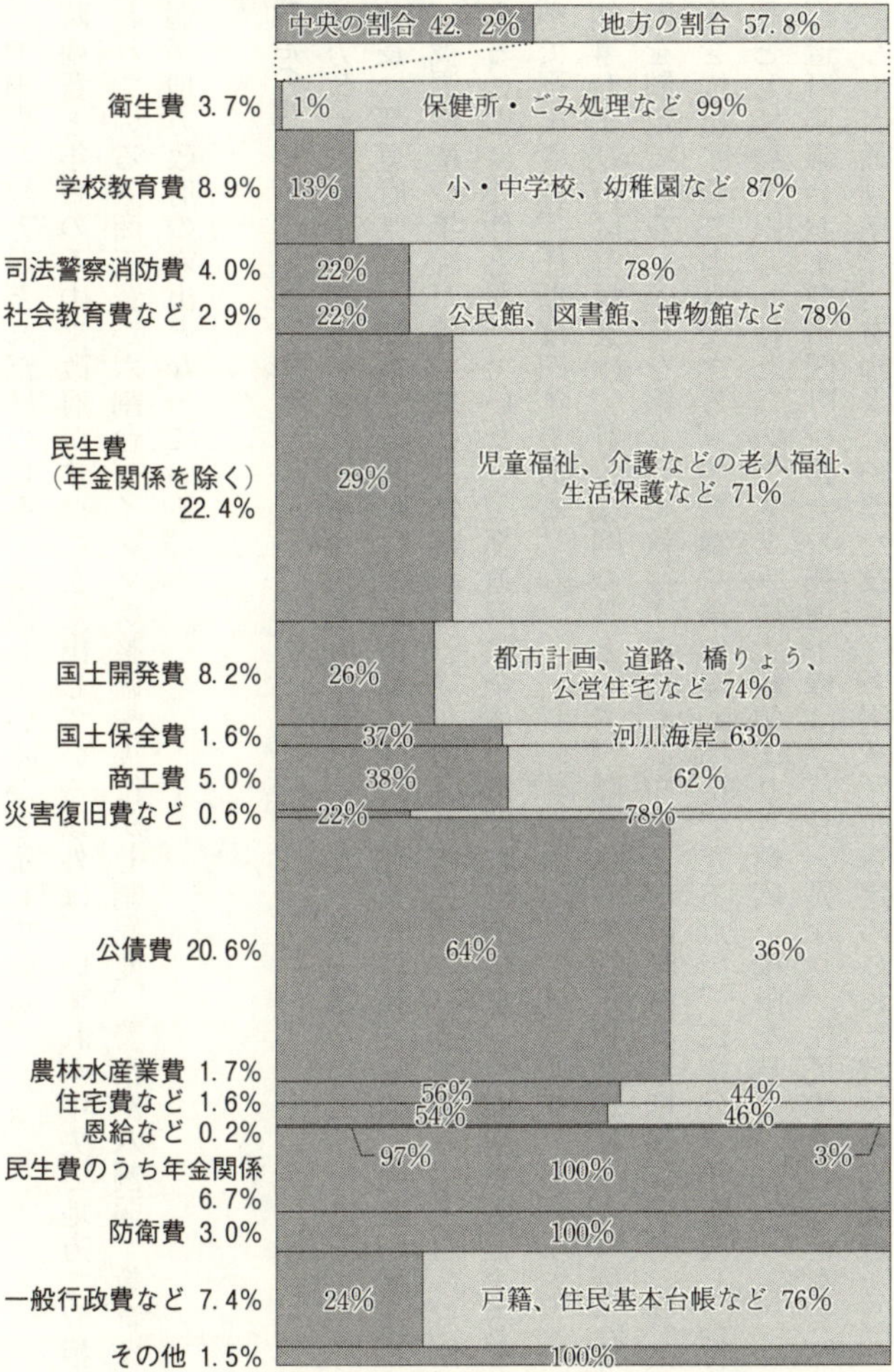

出典：総務省『平成30年版地方財政白書』第1部第2図（一部を筆者が加工）

切りで中央と地方がどれだけの比率で支出しているかを示している。

防衛費と年金のみ中央政府がすべてを支出している以外は、いずれも中央と地方で分担が行われている。商工費が六割台、インフラ整備や福祉が七割程度、警察が八割弱、教育は九割弱が地方政府の歳出となっている。

政治の担い手――首長と議会

地方政府の政治を担うのは、知事や市区町村長といった首長と議会の二つである。首長は都道府県では知事、市区町村では市長・区長・町長・村長と呼ぶ。両者が異なるのは、被選挙権の年齢だけであり、知事が三〇歳、市区町村長が二五歳である。どちらも住民であることは要件となっていない。都道府県全体、市区町村全体を一つの選挙区とする普通選挙で選出され、任期は四年である。

知事および市区町村長は、行政機関の長として、職員に対する指揮監督権や人事権を持ち、規則を制定できる。予算を編成して執行するのも、知事と市区町村長の権限である。議会に議案を提出することもできる。予算案や条例案も提出できる点で、三権分立を徹底し、行政の長としての権限しか持たないアメリカの大統領よりも幅広い権限を持つ。

都道府県議会および市区町村議会の被選挙権は、首長と異なり、住民であることを要する。こちらも普通選挙で、有権者は一票を投じ、各選挙区から定められた定数の当選者を選び出す。複数定数の単記非移譲式（当選者は複数だが、有権者は一票のみを持ち、同一政党の候補者間で票を移すしくみを持たない方式）という選挙制度である。選挙区は、都道府県議会では、郡市および指定都市の区を基本に分ける。市区町村議会では市区町村全体を一つの選挙区とする。ただし、指定都市は区を選挙区とする。

議員定数は、かつては地方自治法で国が定めていたが、現在は条例により定める。都道府県議会の最大は東京都で一二七、神奈川一〇五、愛知一〇二、北海道一〇一とつづき、最小は鳥取の三五である。市区町村議会では、横浜市議会と大阪市議会が定数八六となっている。

都道府県議会の定数合計は二六八七名、市区議会議員の定数が一万九三九九名、町村議会議員の定数合計が一万一一六六名である（値はすべて二〇一七年一二月三一日現在。市区議会定数は全国市議会議長会『市議会議員定数に関する調査結果』。それ以外は、総務省『地方公共団体の議会の議員及び長の所属党派別人員調』）。

議会の権限は、立法権に相当するものである。条例の制定や改廃、予算の決定を行う。地方税や手数料、料金を決め、財産の取得や処分を決定する。国政の議員立法と同様に、議員による条例案の提出も可能である。

首長と議会は別個の選挙で選出され、主に行政権と立法権を担う点で大統領制に近い。双方が公選で選出されることを強調するため、二元代表制といわれることもある。しかし日本の地方政府には、議院内閣制の要素も混入しており、議会が首長への不信任議決を行える。

地方公務員——減少と非正規職員増

地方公務員数は二〇一七年四月一日時点で、二七四万二五九六人であった。一九七七年に三〇〇万人を超えてから一九九四年に三二八万人を数えたのがピークであり、その後、減少をつづけてきた。二〇一七年は前年から若干増えており、二三年間続いた傾向が転換した（総務省『平成二九年地方公共団体定員管理調査結果』）。

この二〇年あまりで五〇万人の雇用が減少した。これを埋め合わせるように増えたのが、非正規職員である。二〇一六年四月一日現在の総務省による調査では、臨時・非常勤職員数は六四万三一三一人である（総務省『地方公務員の臨時・非常勤職員に関する実態調査結果』）。

二七〇万人あまりの地方公務員のうち、教育関係が約一〇〇万人、警察が三〇万人弱、消防が一六万人、福祉が約三七万人、公営企業などが約三六万人である。残る五五万人程度が一般行政を担う。

減少が最も大きかったのは教育で二〇万人、一般行政で一〇万人ほどであった。非正規職員のうち最も多いのも教育と一般行政で、それぞれ一〇万人ほどが従事している。

規模に応じた行政機構

行政機構は、都道府県の場合は、政策領域ごとに局ないし部を置いていく。かつては標準的な名称が定められ、人口別に局・部の数が決められていた。現在は制限はなく、都道府県それぞれが決める（村松他編、2009）。

たとえば、神奈川県には、知事の下、政策局、総務局、くらし安全防災局、国際文化観光局、スポーツ局、環境農政局、福祉子どもみらい局、健康医療局、産業労働局、県土整備局の一〇局が置かれる。

滋賀県では、総合政策部、総務部、県民生活部、琵琶湖《びわこ》環境部、健康医療福祉部、商工観光労働部、農政水産部、土木交通部の八部である。それぞれが重点を置く政策領域が反映される形となっている。

市町村では、地方自治法による縛りがもともとなく、条例で局以下を置くことができる。組織編成は多様である。名称や組織数の違いもさることながら、規模の違いが大きい。

たとえば、大阪市では、市長の下に、副首都推進局、市政改革室、ICT（情報通信技術）戦略室、人事室、都市交通局、政策企画室、危機管理監、経済戦略局、IR（統合型リゾート施設）推進局、総務局、市民局、財政局、契約管財局、都市計画局、福祉局、健康局、こども青少年局、環境局、都市整備局、建設局、港湾局の一六局四室一監がある。

大阪市の人口は二七三万人、職員数は合計で約三万五〇〇〇人、うち消防局、水道局、交通局などを除いた市長部局に限っても約一万七〇〇〇人となっている。平均して一局八〇〇名ほどの大規模組織である。

これに対して、北海道ニセコ町は、総務課、企画環境課、税務課、町民生活課、保健福祉課、農政課、国営農地再編推進室、商工観光課、建設課、上下水道課の九課一室である。ニセコ町の人口は四七三七名、職員数は八八名なので、それぞれの課の規模が小さい。たとえば総務課には、課長一名、参事一名、係長五名、係員八名が配属される。商工観光課には課長一名、参事一名が観光協会へ出向、係長二名、係員が一名となる。

地方政府を捉える五つの視点

ここまで地方政府の基本的な姿を概観してきた。「はじめに」でも述べたように、本書は、地方政府を、政治制度（第1章）、地域社会・経済との関係（第3章）、中央・地方関係（第5章）、の三つの側面から大きく捉える。そしてこれらに、行政機構と住民（第2章）および地方政府間の関係（第4章）を加えた五つの章で構成される。

第1章と第2章は、一つひとつの地方政府を構成する首長、議会、行政機構、住民といった四つの主人公たちを描いていく。これに対して、地方政府とその外部の関係を描くのが、第3、第4、第5章の三つの章である。地方政府の内部と外との関係の両方をあわせることで、日本の地方政府の全体を捉えていく。

第1章では、首長と議会のそれぞれの役割や活動を見ていく。いかにして代表を選び出すのかに関わる選挙制度と、行政の長、すなわち執政の機能を誰にどのように担わせるかに関わる執政制度といった政治制度の視点から、首長と議会がいかに捉えられるかを示す。

第2章では、行政機構と住民が、どのような特徴を持ち、いかなる役割を果たしているかを考える。政策の決定や実施のなかで、両者がどのような関係を持っているのか、そこに見られる新しい動きはどのようなものかを描き出す。

第3章が扱うのは、地域社会・経済と地方政府の関係である。人々がどこに住み、学び、働くのか、企業はどこに立地するのかが、地方政府の税収や行政サービスの需要を変化させる。逆に、地方政府は、政策を通じ人々や企業に働きかける。地域社会・経済と地方政府の相互作用が互いを形作っていくことを明らかにする。

第4章では、都道府県と市町村の関係や、ある県と別の県、ある市と別の市の関係、つまり全体として地方政府間の関係を論じる。どのような制度が存在するのか。どのような選択肢がありうるのか。なぜ、日本の地方政府は、現在の姿をとっているのかを考えていく。

第5章は、中央政府と地方政府の関係を扱う。日本は中央集権国家だといわれてきたが、その実像はいかなるものであったのか。一九九〇年代以降の地方分権改革とはどのようなものだったのか。現在の中央政府と地方政府の関係は、どのような特徴を持つのかといった諸点を明らかにする。

そして終章では、歳入の自治を強めることで、人口の質に目を向けつつ、政党政治により決定を行うといった地方政府の新たな姿を提示したい。

ズレと重なり

日本の地方政府のどの側面を、どのように論じるのかをここまで述べてきた。最後に、全体に共通する注目点を述べておきたい。

地方をめぐる政治を見るとき、目につくのは、ズレと重なりである。すっきりと整然とした姿にはほど遠い。たとえば、地域の人々にもズレがある。昼間働いたり学んだりするために移動してくる人たちと、そこに住む住民たちにはズレがある。地域間で見ても、ある地域は利益を受けるが、ある地域は負担をするといったズレがある。国と地方の間で、選挙の時期にズレがあったり、政党にもズレがあったりする。

他方で重なりというのは、一人で二役を兼ねるといったことである。そもそも私たちは住民であると同時に国民でもある。その時々に応じて、それぞれの側面を使い分けていくことになる。時として矛盾を抱えることにもなる。あるいは、かつての日本の知事や市町村長は、住民から選出された地方政府の首長でありながら、同時に、国が全国的に政策を実施する際に実施を担う国の下部機関ともなった。

日本の地方政府には、どこにどのようなズレと重なりがあるのか、その歪《ひず》みは何を生んでいるのか。それをどのように解消するのか、あるいは受け入れるのか。そうした試行錯誤の積み重ねとして、地方政府を眺めていくと、その実態がよく見えてくるだろう。

第1章　首長と議会——地方政治の構造

1　二元代表制——大統領制と議院内閣制の混合

どのように選び出されるのか

日本の地方政府における政治の特徴とは何か。誰が選出されるのか、という観点からは、勝者の多彩さと、二〇〇〇年代以降の変化の大きさが特徴となる。

勝者に多彩さを生み出しているのは、特徴的な政治制度、いわば民主制のルールである。知事と市町村長の選挙制度は、議院内閣制をとる国政とは異なり、住民の選挙によって直接選出される。議会の選挙制度は、一つの選挙区から複数の当選者が出るが、有権者は一票しか投じないという、いわゆる中・大選挙区制、厳密にいうと単記非移譲式の複数定数選挙区のしくみをとる。

政党は、一方では知事選や市町村長選といった国政にはない戦いに挑み、他方では、中・

大選挙区制の議会選挙にも挑まなければならない。
これら二つの戦いで、誰が勝ってきたのか。端的にいえば、首長については、多様な勝者が生み出されてきた。議会では自民党が盤石であることが多いが、そうではない地方政府も散見される。結果の違いを説明するのは、国政とのつながりと、選挙区定数の配分の違いである。

二〇〇〇年代以降、その姿はさらに変わってきた。都市部では政治的競争が高まったが、農村部では逆に、無投票当選が増えている。

この変化は、地方政治のルールの変化によるものではない。日本の地方政府は、政治制度の面できわめて安定的である。執政制度と選挙制度の双方は、戦後、現在に至るまで変わっていない。

しかし一九九〇年代以降に進んだ地方分権改革は、地方政府の権限と財源を増やした。国政政治家から見た独任制（一人の人間で構成される機関）の首長の魅力は増し、転身者が増え、現職が選挙で負けることが増えた。このため、都市部での政治的競争の程度は高まった。

他方で同時期に国政の選挙制度改革が行われ、衆議院の選挙制度が小選挙区を中心とするものに変わった。衆議院議員は、選挙区で同一政党のライバルと戦うことがなくなった。すると、衆議院議員が自らの集票のため、地元の地方議員と「系列」をつくることも消えていく。そもそも補助金が地方分権改革で減らされたうえに、系列を通じ国から補助金を獲得するうまみがなくなり、農村部の地方議員の魅力は低下した。

どのように政策を決めるのか

他方、政策形成はどうであろうか。日本の地方政府の多くは、首長が政策の主導権を握りつつ、議員が個別利益を反映させようと首長に働きかけていくスタイルをとる。首長が予算提案権を独占し、条例の提案権も持つからだ。

議会は多数決でものを決めるので、政党を通じて多数派をつくる必要性は高い。しかし、首長にその必要はない。そのため、政党を通じて票を集められるならば相乗りで、そうでなければ無党派で戦う傾向にある。

中選挙区ないし大選挙区で選ばれる議員からなる地方議会では、政党の数も多くなりやすい。政党のなかでは執行部の力が弱く、一人ひとりの議員が自律的である。このため議員は個別に首長への働きかけを強める。政党が政策争点をパッケージにして選挙を戦い、それを実現するという姿とは逆である。

ただし、議会議員がほぼ揃《そろ》って首長との対決姿勢をとると、様相は違ってくる。そこまでいかずとも、国政政党の影響が色濃く及ぶ場合にも、首長の党派性に違いが出るし、議会と首長に党派関係に基づく対立が生じる。

ここまで、首長と議会の関係について概観した。政治制度の理論に基づき、さらに掘り下げていこう。

執政制度とは何か

政治における統治の要諦《ようてい》は、権力を分立させたうえで、立法権と行政権にどのような関係を持たせるかである。立法を担う議会と行政を担う執政部門の関係を決める制度を、政治学では執政制度と呼ぶ。

執政制度の中身は、大きく二つに分けられる。第一は、執政を担う者（執政長官）の選任と解任に、議会がどのように関わるかである。第二は、執政長官と議会の間に、どのような権限配分が行われるかである。

第一の点から見ていこう。民主制ならば、議会が有権者の選挙によって選出されることは必須《ひっす》であるが、執政を担う者の選出と解任を誰が担うのかは、民主制でも多様である（建林他、2008）。

大きく分けて、有権者が選挙で選出する大統領制と、議会が選出する議院内閣制が存在する（1－1）。

大統領制の場合、大統領を選び直すのも、選挙に限られる。つまり、大統領制では大統領の選出と解任の双方が、弾劾裁判などの例外を除き、有権者の手に委《ゆだ》ねられる。議院内閣制では、議会の多数派が首相を選出し、首相は議会の信任を得られている限りその座にとどま

1－1　執政制度の類型

		解任	
		議会	有権者
選任	議会	議院内閣制	自律内閣制
	有権者	⬇ 首相公選制 議会不信任つき大統領制⬅	大統領制

る。つまり首相の選任と解任の双方は議会多数派の手に委ねられる。大統領制の方が権力分立的であり、裏返せば、統治の責任を誰に負わせるべきかが明確ではない。議院内閣制の方は権力融合的であり、統治の責任が首相にあることが明確である。

大統領制と議院内閣制は、どちらも選任と解任の双方を同一の主体が行う点で共通する。しかし、選任と解任を異なる主体が行うしくみもある。一つは、選任は有権者が行い、解任は議会ができるしくみである。議院内閣制下の首相公選制が該当する。あるいは大統領制に、議会不信任を組み込んだものともいえる。

もう一つの形態は、選任を議会が、解任は有権者が行うしくみである。議院内閣制と同様に議会が執政長官を選任するが、その後、議会は不信任を行えない。次の議会選挙で有権者が新たな議会多数派をつくり出すことで、執政長官の交代が生じる。これを自律内閣制と呼ぶ。

さて、執政制度の第二の側面は、執政長官と議会に、どのように権限が配分されるかである。

議会が議決権を持つ、つまり、法律や予算の最終的な成立には、議会の賛成が必要となることは当然である。執政長官が、行政機構の長として執行の指揮監督権を握ることも当然である。

しかし、残る権限、とりわけ法律や予算の提案権には、さまざまな形がある。提案権が議会だけならば、権力分立は徹底する。他方で、提案権を執政に与えることもある。政策の実施を通じて、執政の方が法律や予算に盛り込むべき内容について詳しく、官僚たちを案の作成に利用できるからだ。さらには、執政だけが提案権を持ち、議会は議決のみを行うことも、特に予算の場合などに選択肢となりうる。

執政制度とは、このように執政の選任と解任の方法、執政による法律や予算の提案権の程度という二点を決める。権力を誰が握るのか、どのように政策をつくるのかという政治の二つの側面に、執政制度は深く関わる。

以下では、政治制度の理論的説明と歴史的変遷の叙述を織り交ぜながら、日本の地方政府の政治的ダイナミクスを解明していく。

2 権限の配分——提案権を持つ強い首長

首長の選任と解任

戦後の日本の地方政府の首長は有権者が直接選出する。このことは、憲法九三条二に規定されている。この点は大統領制と同じである。首長と議会の双方が公選である点を強調して、二元代表制と呼ばれることもある。

他方で、解任のしくみはあまり知られていない。首長は、次の選挙で有権者が選び直すほか、議会による不信任議決によっても解任される。つまり、議会の不信任つきの大統領制、あるいは首相公選制に該当する。

首長の選任と解任方法のしくみは、明治以来の統治構造の変革のなかで、民主化が進められてきた歴史の産物である。

明治時代から昭和戦前の府県知事は、出向した中央の官僚だった。地方行政を総合的に所管する内務省の官僚が派遣されていたのである。内務省の人事ローテーションに組み込まれて派遣され、平均任期は二年ほどであった。

これに対して市町村長は、異なるしくみだった。市長は、一八八八年公布の市制によって、議会が三名を推薦し、そのなかから内務大臣が任命した。町村長は、議会による選挙を経て知事の認可が必要であった。

つまり、町村から市、府県へと段階的に内務省の統制が強く及んでいた。戦前の地方政府と中央政府の関係の特徴の一つが、地方政府に対する人的な統制にあったからである。しかし中央からの統制の側面を外して考えれば、議会が首長を選出する自律内閣制ともいえる。

大正時代に高まった民主化の要求は、首長の選出方法も対象とした。中央省庁の統制を問題視し、理想としては公選化、次善策として議会による「間接的」な公選が求められた。

知事の公選については、内務省も検討を進めたが、実現には至らなかった。市長の選出方法は、一九二六年に市議会による選出に切り替えられた。議会による不信任議決のしくみはなく、辞職がない限り、任期満了後に、再度選任が行われた。自律内閣制である。実際に市長に選任された者を見ると、官僚出身者のみならず、市会出身者、国会や県会の出身者も相当数にのぼる。たとえば近畿二府四県で見ると、官僚出身者が三九％であるのに対し、市会出身者は二一％、平均在任期間は四年弱であった（森脇、2007）。

しかし、このような民主化の流れは、戦時体制の下では逆転する。一九四三年には、市長の任命権は再び内務大臣の手に戻されてしまう。

戦前の蓄積と戦後の改革

民主化を求められた占領改革で、内務省は当初、知事を府県会による間接選挙とすることですませようとした。だが、占領軍はそれを認めず、結局、直接公選となった。その後、内務省は解体される。

この経緯からは、知事公選は占領軍から「押しつけられた」ように見える。しかし、占領軍が知事公選をいきなり導入したわけではない。戦前の一九二〇年代以来の蓄積があったからだ。だからこそ、短期間で制度化し、定着していくことができた。徐々につづけられた民主化の動きが、戦時体制下の中断を挟みつつ、一九四〇年代から五〇年代にかけて成就したともいえる（天川、2017）。

市町村長については、戦後しばらくは、戦前同様に市会による選出がつづく。戦中の市長が辞任もせず、市会も解散することなく選出をつづけようとした場合、市長公選運動が起こったところもあった（功刀、1999）。

一九四六年七月、帝国議会に提出された都制、府県制、市制、町村制を改正する法律、いわゆる第一次地方制度改革で、知事と市町村長はともに、選任は住民による直接選挙と規定された。すでに新憲法案が提示され、直接選挙の規定が盛り込まれていたことを受けてのものである。戦前の一時期、市町村長は議会が選出していたことが十分に考慮された形跡はない。

戦後の執政制度のうち、首長の選任方法は、有権者の手に委ねると憲法で規定されたことで、制度設計の議論や選択肢は失われた。

では、解任について、議会による不信任が取り入れられたのはなぜか。これは、選出方法の変更を受けて導入されたものだが、必ずしも当初の意図通りではなかった。

第一次地方制度改革で内務省は、首長解任のしくみを入れようとした。二ヵ月前の一九四六年五月の都制などを改正する法律案では、議会が不信任議決を行った場合、首長は内務大臣に対して議会の解散を請求できるが、解散後の議会が再度不信任議決を行った場合は、辞任するとされた。また、直接請求の一環として、解職や議会の解散の制度も盛り込まれた。

これの住民の請求先も内務大臣だった。直接公選となる首長、特に知事への信頼の欠如から、内務省は自らの関与により解任できるしくみを入れようとしたのだ。

しかし、これらの条文はいずれも、その後二ヵ月にわたる衆議院審議の過程で、GHQ民政局の手により修正される。直接請求は選挙管理委員会が請求先となり、不信任議決に対しては、首長が解散か退職を選ぶこととなった。また、不信任議決が特別多数(三分の二以上の出席のうえ、その四分の三以上の賛成)を要することとなった(水飼、1972)。これらが地方自治法にも受け継がれていく。

こうした経緯を経て、都道府県と市町村はともに、首長を議会とは別個の選挙で選任しつつ、議会による首長への不信任議決が用意されることとなった。つまり執政制度としては、首相公選制ないし議会による不信任つきの大統領制となった。このしくみは、一九四七年から変更されることなく、現在までつづいている。

選出方法の出発点が憲法による規定であり、その後、憲法が維持されたため、地方政府の執政制度も維持されたと理解することもできる。しかし、一度成立した制度の下で誕生した地方政治家たちが、その存続に利益を見出したことも大きい。首長、地方議員、さらには国政の政治家や官僚たちのいずれもが、この新たな制度に対応し、受容することでこの制度は定着する。

他方、解任のしくみは、憲法の規定とは無関係であり、導入の経緯からしても、変更の可能性はより高かった。しかし実際には、見直しが議論されることはほとんどなかった。にもかかわらず近年は、見直しが論点になっている。それがなぜなのかは、権限の配分を見た後、考えたい。

権限配分——二〇世紀型大統領制なのか？

執政制度のもう一つの側面、権限の配分に目を移そう。提案権を執政と議会のどちらが握るかが重要である。この点について、日本の地方政府の特徴は、首長側に大きな権限が与えられてきたことである。すなわち、条例については議員と並んで首長にも提案権があり、予算については首長だけに提案権を与えている。

権力分立の論理を徹底すれば、議会だけが提案権を持つ。実際にアメリカの連邦政府はそうした権限配分をいまも維持している。しかし、政府活動の規模と質が高まり、行政官僚が立法活動に必要になると、権力分立の徹底は、スムーズに政策をつくるうえでの障害となる。一九世紀後半に成立した南米諸国や、二〇世紀後半に非共産化した東欧諸国の大統領制はいずれも、提案権を大統領に与えている。だがそれは、強すぎる大統領の座をめぐるクーデターを誘発し、体制の不安定性の要因ともなりうる。権力を機能させるのか、抑制するのか、そのバランスは難しい。

日本の地方政府では、この点はどのように考えられてきたのか。いかなる経緯で、首長への提案権を認めたのか。現在の権限配分からは二〇世紀型の大統領制のように見える。だが、歴史を振り返るとその逆である。もともと首長が提案権を独占しており、のちに議会にも提案権を認めていったのである。

一八八八年の市制町村制では、市会や町村会には概括例示、つまり例示を伴う包括的な権限授与によって大きな議決権が認められていた。条例規則の制定、予算の決定などが例示され、市町村に関する一切の事案の議決が可能とされた。

これに対して、府県制では、府県会の議決対象は予算の決定など六項目のみが制限列挙され、条例制定権はなかった。議員に発案権も与えられていない。府県会は、強力な行政に対し、限定的な議決権による制約を加える機関であった。これは、近代初期の欧州で、税を負担する富裕層の承認を求めるために王政が設けた議会に近い。

もっとも、一九二〇年代の民主化の影響は府県会の権限にも及んだ。一九二九年に、府県会は府県条例および府県規則の制定権を手にし、議員の提案権も認められる。他方でその後、戦時中の一九四三年、大きな議決権が認められていた市町村会の議決事項も九項目の制限列挙に切り替えられた。これにより、府県会と市町村会の違いは小さくなる。

戦後の改革の継承

議会と執政の関係について、占領改革が見直しの主な対象としたのは、制限列挙されている議会の議決権の範囲拡張であった。これは、一九四七年の地方自治法にも受け継がれ、議会の議決権と首長の提案権のバランスをどのようにとるかが検討された。その結果、議会による議決権に対する制約や対抗手段が首長には与えられる（駒林、2017）。

一つは専決処分である。もともとは、市制町村制で議会を招集する時間がない際、議会による議決を市町村長が代行するしくみであった。これが戦後改革でも変更されず、都道府県にも拡張されて適用された。

もう一つは再議の請求である。議決に首長が異議を持つ場合、議会に再検討を求められるものである。再議決には、出席議員の三分の二の賛成を要する。対象は二つに分かれる。

第一は、法令や会議規則に違反している議決や、執行できない歳出入の議決である。特別的再議と呼ばれ、再議請求は義務とされる。これは専決処分と同様に、市制町村制に規定されていた。

第二が、戦後改革で導入されたもので、条例と予算についての議決である。一般的再議と呼ばれ、再議を求めるかは首長の判断による。アメリカ大統領制の拒否権とそれに対する議会の再議決を参考にした。異なる発想と異なる経緯による制度が混在しているのである。

他方で、首長による提案権の見直しは行われず、戦前のしくみが存続した。その後、現在に至るまで、議会と執政の権限配分に変化はない。

こうして、選出を二元代表に拠《よ》りながらも、権力分立の徹底ではなく、執政に提案権を持たせるしくみができあがった。

3 政党と首長・議会——不信任と再議決・専決処分の実態

首長と政党制

首長と議会関係の制度的特徴をここまで見てきた。では、実際には両者はどのような関係にあるのだろうか。これを考えるためには、政党のことをあわせて考えなければならない。議会の中心は政党であり、政党のあり方、すなわち政党制を抜きにして、両者の関係を見ることはできない。

政党制には二つの側面がある。一つは、政党システムである。それはどの程度の規模の政党がいくつ存在するかで決まる。市場にも独占市場や競争市場があるように、政党間競争の状態がここでは問題となる。もう一つは、政党組織である。政党とそれを構成する議員や党員との関係である。党首や党執行部への集権性が特に注目される（待鳥、2015）。

議会と執政、つまり首長を別の選挙で選出する場合、議会多数派と首長の党派が一致する保障はない。政治学では、両者が一致している場合を統一政府、異なる場合を分割政府と呼ぶ。

分割政府がどの程度生じるかは、議会選挙と首長の選挙のタイミングに左右される。両者が同時の選挙だと、分割政府は抑制されがちである。選挙の顔になる首長候補者への支持が、議会の同一政党候補者の支持につながりやすいからだ。逆に、異なる日程だと、多数党や首長への批判票を集めることで、分割政府が生まれやすい。

日本の地方政府では、議会と首長の任期はどちらも四年であり、かつ、統一地方選挙という形で、議会と首長の選挙も同日に行われる。ただし、首長の病気、国政への転身、スキャンダルの発生などにより辞職、あるいは死亡することもある。そして、アメリカのように、大統領が欠けたときには副大統領が残りの任期を大統領として務めるしくみはない。

この結果、特に首長選挙が統一地方選挙からずれていく傾向にある。いまや全国的に行われるのは都道府県議会だけである。二〇一五年統一地方選挙では、都道府県知事は二一%、議会は八七%、指定都市以外の市では市長一二%、議会三八%、町村では町村長一三%、議会は四〇%が選挙を実施した。市町村では、市町村合併で選挙時期が変わったところが多い。知事選挙が統一地方選で行われる道府県より、そうでない都府県の方が、政党システムは多党制になりやすい。当然、それだけ分割政府になる確率も高くなる（曽我、2011）。

不信任議決の増加

日本の地方政府では、議会による不信任が可能であり、議会の政党制が首長を縛る可能性はある。首長と対立する立場の集権的な政党が一党支配となる場合などは、不信任が発動されうる。

しかし実際に不信任が行使された事例は多くない。議会にとってあまり有利なしくみではないからだ。

まず、ハードルが高い。不信任の議決は三分の二が出席し、その四分の三の賛成が必要である。逆にいえば、議員の三分の一を上回る数が欠席すれば、不信任議決は成立しない。議会全体を敵に回さない限り、首長は議会によって解任される心配はない。

つぎに、不信任を受けた首長は、議会の解散で対抗できる。これは議員にとって、首長を解任するうえで大きな障害となる。解散後、新たに選出された議員たちが再び不信任の議決（この場合は三分の二以上の出席者の過半数が必要）を行わなければ、首長を失職させられない。あるいは首長は辞職するかもしれないが、辞職や失職した首長がつぎの首長選挙に出馬することもできる。そこで再度勝利されれば、議会と首長の対立は解消されない。議院内閣制における不信任とは異なり、選出が別の選挙のため、対立の解消につながる保障がない。

それでも二〇〇〇年代に入ると、不信任議決が散見され、首長と議会の対立が深まるケースが増えている。

知事で不信任議決が可決されたのは、一九七六年の平野三郎《ひらのさぶろう》岐阜県知事、二〇〇二年の田《た》中康夫《なかやすお》長野県知事、〇三年の大田正《おおたただし》徳島県知事、〇六年の安藤忠恕《あんどうただひろ》宮崎県知事の四人のみである。しかし、辞職勧告決議の可決であっても、二〇〇三年の木村守男《きむらもりお》青森県知事、〇四年の橋本大二郎《はしもとだいじろう》高知県知事のように辞職したケースもある。さらに、二〇一六年の舛添要一《ますぞえよういち》東京都知事のように不信任議決が確実と見られた段階で辞職するケースもある。
市町村長に対しては、二〇〇三年度から〇六年度に五二件（うち可決一三件）、二〇〇七年度から一一年度に三四件（一〇件）、二〇一二年度から一五年度に二五件（五件）の不信任案が出され、一部は可決されている（総務省『地方自治月報』第五五号～五八号）。可決後の経過は、辞職して引退、辞職して再出馬、解散後も再度不信任を議決される、解散し、その後は不信任を議決されないと多様である。

再議請求と専決処分

再議請求と専決処分はどうであろうか。これについても、あまり行使はされてこなかった。理由はやはり、政党制との関係にある。

議会多数派と首長が同じ党派の場合、議会多数派は条例案の作成などを首長へ委任する。首長が議会多数派と異なる政党の推薦を受けている場合、あるいは無党派の場合、さらには議会が多党化している場合、首長への委任は生じない。しかしその場合も、議会が条例について自身の提案権を行使するわけではない。多くの政策は予算措置を伴う。議員の関心も予算に向いている。両者の対立は予算編成過程に吸収され、顕在化しないことも多い。首長の与党議席率が低くなっても、議会の意思を示す決議案の提出数は増えるものの、条例の提出数は増えないのである（築山、2014）。

これが、首長が再議権を行使したケースは少ないこととつながる。一九七四年から二〇〇九年の三五年間で、再議が請求されたのは、都道府県でわずか三件、市町村でも一七五件にすぎない（今井、2013）。市町村の方が多いのは、市町村合併の賛否を問う住民投票条例をめぐる再議が多いためである。

首長から見て再議権が効果を発揮するのは、自分の反対派が議会で過半数は超えているが、三分の二までは達していない場合に、議会が自分の意向に反する議決を行ったときだけである。分割政府となる場合がそもそも少なく、分割政府の場合も議会が自ら提案権を行使することは少ないため、これに該当することはほとんどない。

同様の理由で、専決処分も少ない。ただし、議会と全面的に対立する首長の場合は例外である。たとえば、鹿児島県阿久根《あくね》市長であった竹原信一《たけはらしんいち》による専決処分はその例である。二〇〇八年九月の就任以来、市長は議会と全面的に衝突をつづけ、〇九年二月には不信任を議決された。議会の解散で対抗したが、新たな市議会は再度、不信任の議決を行った。これを受け失職するも、五月の市長選挙に再出馬し、当選した。竹原市長は、二〇一〇年四月の議会閉会以降、議会を招集することなく、一九件もの専決処分を行った。それには、職員や給与の削減や副市長の選任も含まれている（有馬、2011）。最終的には二〇一〇年一二月、リコールにより失職し、出直し市長選で敗れた。

首長と議会が全面対立した場合の極端な例ではあるが、制度の特徴をよく示している。先述したように、専決処分は戦前の制度を継続した。このため、首長と議会がそれぞれ公選で選ばれ、分割政府が誕生することを十分に想定していない。阿久根市の事例は、パッチワーク的につくられた制度の隙《すき》をついたものといえる。

阿久根市の事態を受けて、二〇一二年に地方自治法が改正される。臨時議会の招集権が議長に与えられ、副知事・副市町村長の選任に対する議会の同意を専決処分で代行することは認められなくなった。問題への素早い対応といえるが、弥縫策《びほうさく》ともいえる。

では、首長と議会の関係を抜本的に見直す改革を行うべきなのか。答えはそう簡単ではない。現行制度に首長と議会が存在するなか、その両者の意見を無視することは難しい。しかし両者の意見を取り入れつつ合意に至る案を得ることも難しい。各国の歴史を見ても、制度創設時を除き、変更は稀《まれ》である。

イギリスでは、議会の委員会が行政を指導するしくみが地方政府で採用されてきた。二〇〇〇年の地方自治法によって、人口八万五〇〇〇人以上の地方政府では議院内閣制と大統領制のどちらかを選ぶことができるようになった。しかし大統領制へ移行したのは、約三八〇の該当する地方政府のうち五年間で一一のみで、住民投票の結果を受けてのものであった。執政制度は、議会と行政の長の交錯点だけに、変革は難しいのである。

4 政党と親和的でない首長

首長たちは首長選挙をどのように戦うのか。そこでは、政党はどのような働きを見せるのか。

選挙での政党と首長

一般的にいって、首長は政党制と親和的ではない。当選には、都道府県や市町村の全体を選挙区として、そのなかで相対一位の票を集める必要がある。一党優位制や二大政党制が成り立っているならば、一つの政党の票によりそれは可能かもしれない。だがそうでなければ、複数の政党からの票をまとめなければならないからだ。

また、日本では、中央政府が議院内閣制であるため、直接選挙で選出される行政の長は、知事と市町村長だけとなる。また、知事・市町村長は、多数派を形成しなければ力を持てない議員と異なり、自分一人で力を持ちうる。このため、政治の世界全体のなかで、知事と市町村長はある種の異分子となる。国会と地方議会双方に政党が存在しているなかで、知事・市町村長と政党の関係は、別の論理を持ち込む。

逆に、政党の側から見たときには、勝ち馬に乗るインセンティブが強く働きやすい。このため、国政では連立を組まない政党間でも協力関係が成立しやすい。外交や安保といったイデオロギー争点が地方レベルではあまり問題とならないということもある。

その結果が、地方でよく見られる相乗りである。国政では対立する政党、とりわけ与党と野党第一党が同一の首長候補を選挙で推すことを相乗りと呼ぶ。これが地方の首長選挙では、むしろ常態となる。

政党間協力を容易にするため、相乗りの候補には行政出身者が選ばれやすい。知事候補の場合、一九七〇年代後半から、地方に出向経験のある中央官僚が候補者となることが増える（片岡 1994）。逆に、相乗りが成立しないケースは、国政の与野党対立が地方にも連動する場合に限られる。日本の場合、戦後の一九七〇年代半ばまでと、二〇〇〇年代以降の民主党が伸張し二大政党制に近づいた時期に、そうした傾向が見られた。

政党の集票力がそれほど期待できないならば、首長候補者はどの政党からも距離をとる。当選後の政権運営でフリーハンドを残すには、政党と距離をとるのが合理的だからだ。社会・経済の多元性が強まり、その組織化が難しくなったことで、政党の集票力が低下した一九九〇年代以降、この傾向は強まっている。

さらにこの傾向の先には、首長が主導してつくる政党がある。社会を組織化してつくる政党が先にあるのではなく、首長が先になる。選挙の必要からではなく、自身の政策実現のために、議会での多数を確保しようとするのである。橋下徹《はしもととおる》と大阪維新の会、河村《かわむら》たかしと減税日本、小池百合子《こいけゆりこ》と都民ファーストの会などがその例である。

現在では、知事や市町村長では、相乗りと無党派が二大類型となる。既存の政治勢力との関係で、すべてをバックにする相乗り首長と、それらすべてから距離をとる無党派首長は対照的な存在と見えるが、実は同じコインの表裏なのである。

知事の党派を歴史的に振り返る

戦後の一九六〇年から二〇一八年七月現在に至る知事の党派性を見ておこう。

1-2では、知事の党派性を八つに分け、該当する都道府県数を縦軸にとっている。①自民、②自民と公明、かつての民社などの中道政党、③相乗り=自民と国政野党第一党（社会ないし民主）双方の推薦・支持、④民主・民進、⑤中道と非自民保守=新生、新党日本など自民から分かれた政党、日本維新の会など、⑥中道・非自民保守と革新=社会ないし共産、⑦革新、⑧無党派の八つである。政党との関係は、実態をよりよく捉えるため、政党公認だけではなく推薦・支持を含めている。

一九六〇年代は六割以上が自民党知事、そうでなければ自民党と社会党の相乗り知事である。一九六〇年代後半から革新が単独で、あるいは中道と組み、政権をとる。いわゆる革新知事である（岡田、2016）。ピーク時の一九七〇年代半ばには二割ほどが革新知事となる。しかし一九七〇年代後半には、中道は自民党との連携を強め、自民・中道の類型が急増する（前田、1995）。一九八〇年代には社会党もこれに加わり、二〇〇〇年に入る頃には七割の道

1－2　都道府県知事の党派

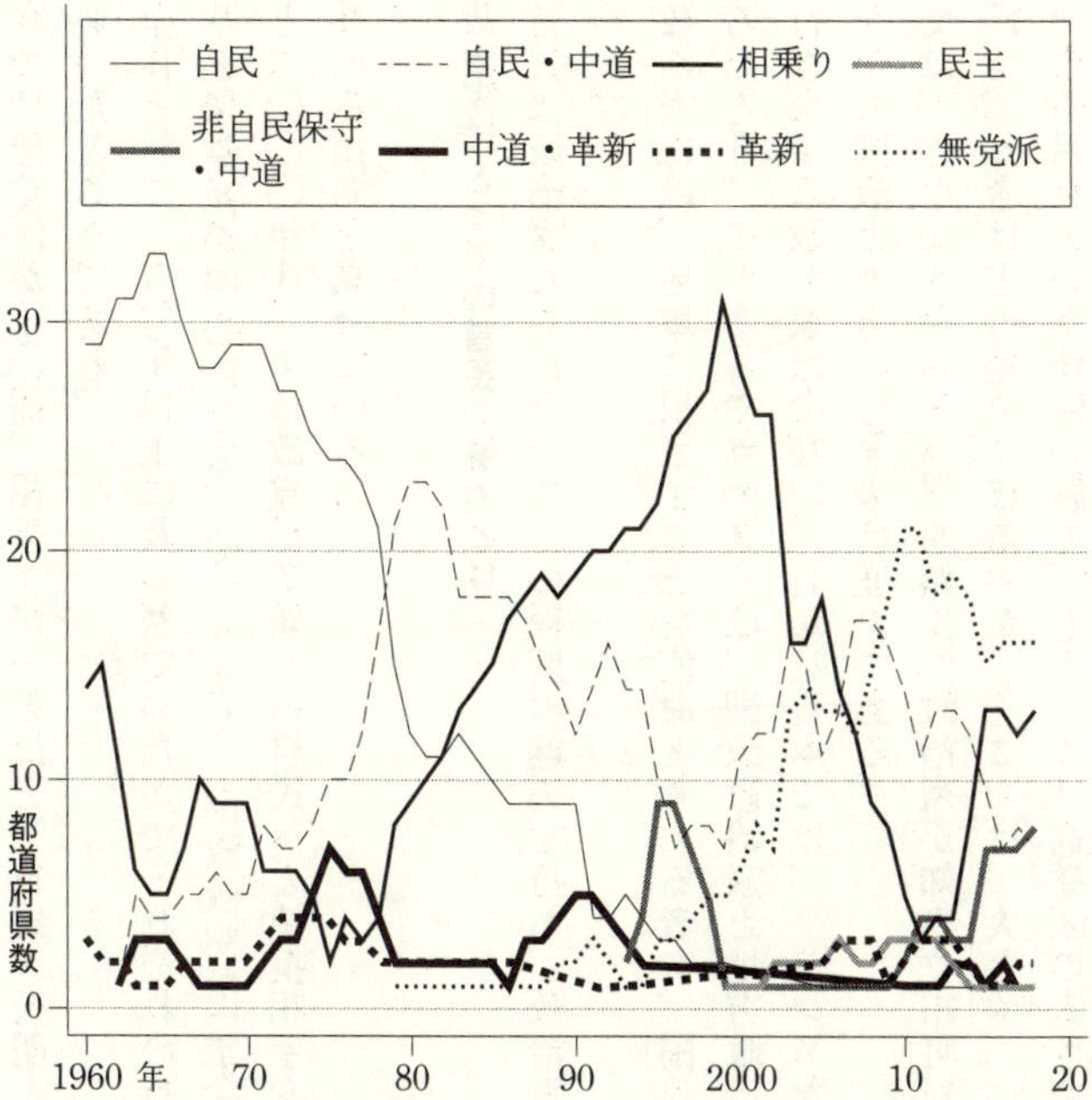

出典：2004年までは，曽我・待鳥（2007）で用いたデータ．2005年以降は朝日新聞データベース『聞蔵II』を用いて収集したデータに基づき筆者作成

府県が相乗りとなる。

一九九〇年代後半に登場する無党派知事は二〇〇〇年代に次第に数を増やす。他方で、相乗り知事が減少を見せる。国政での二大政党化を反映し、民主党が相乗りから外れたためである。その分増えたのが、自民・中道知事である。

国政で自民党が政権に戻ると、再び相乗り知事が増える。同時に増えたのが、日本維新の会など非自民の保守・中道政党を基盤とする知事である。

現在では無党派が二〇弱、相乗りが一五ほど、自民・公明と非自民保守・中道が一〇弱ずつといったところである。

全体として、五〇年以上に及ぶ歴史のなかでそれぞれの時期に違った姿を見せつつも、相乗りと無党派が中心になる。そのうえで、国政政党が二大政党に収斂《しゅうれん》していた一九六〇年代と二〇〇〇年代、中道政党が革新から自民へと連携相手を変えていった七〇年代にそこから外れる傾向を見せている。

政治家にとっての首長の魅力とは

首長は政治家たちにとってどの程度の魅力を持ち、政治家のキャリアパスでどこに位置するのか。

政治家には、地域に根ざすことを使命と考える者も、国政を動かすことを目標とする者もいるだろう。イギリスやカナダでは、国政政治家と地方政治家のキャリアは別であり、双方を行き来する政治家は少ない。しかし日本では、フランスなどと同様に、政治家のキャリアのなかで国政と地方の行き来は盛んである。

では、どのようなステップを踏んだ政治家が知事や市町村長になるのか。知事や市町村長を経て、つぎはどの地位に移るのか。そこでは、大きく二つの要素が考慮される。一つは知事や市町村長という地位の魅力、もう一つは選挙区の広さである。

　まず、地位の魅力である。東京都知事を筆頭に、予算規模や権限も大きく、メディアの注目も集める首長には、独任制という要素も加わって、魅力を感じる政治家も多い。地方分権により地方政府が持つ裁量が拡大したことで、首長の地位の魅力はさらに高まった。

　つぎに、選挙区の広さである。選挙区が広くなるほど、後援会などの支持基盤をつくるのは難しくなる。したがって、キャリアアップにしたがい、選挙区を徐々に広げることが得策である。かつての衆議院選挙であれば、複数の市町村にまたがる形で国政の選挙区が設定されていた。しかし現在の小選挙区は人口五〇万程度の一つの市と同じ程度の大きさにすぎない。代議士にとって知事は難しく、市長はねらいやすくなった。一九九〇年代までは首長を経てから国政に移る政治家が多かった。しかし、二〇〇〇年代以降、国政の政治家から知事や市長への転身を図るものが増えた（砂原、2011b）。とりわけ東京都知事には、青島幸男《あおしまゆきお》、石原慎太郎《いしはらしんたろう》、舛添要一、小池百合子と国政からの著名政治家の転身が多い。さらに、指定都市以外の市長への転身を図る国会議員も増えている。かつては地方から国へのキャリアパスが存在していたが、現在は国から地方へのキャリアパスが存在する。地方分権化の影響がここには現れている。

　結果として、首長をめぐる政治的競争が強まっている。市長が何期務めたうえで引退するかを見ると、三期一二年務めたうえでの引退が最も多いが、それより短い一期ないし二期での引退もあわせて四割に及ぶ。また、全体として退任の際に、三分の二は自ら引退、三分の一が出馬しての落選である（北村他、2017）。多選首長が減っており、再選を重ねることは次第に難しくなっている。

政治家から都市経営者へ

首長は独任制であるため、種々の利益を統合し、集合的利益を実現することが理論上は行いやすい。

一九七〇年代までの、地域の経済発展が人々にとって自明の、共通目標だった時代には、首長はそれを目指すことができていた。配分するパイ自体が拡大していたので、多くの人に資源配分を行うことが可能であった（曽我・待鳥、2007）。

しかし、経済が停滞する一九九〇年代以降、財政難から、満遍なく配分することは難しくなった。そこから二種類の首長が誕生する。

一つは、既存のしくみの非効率性を指摘し、その改善を強調する改革派首長（三田、2010）。もう一つは、既得権益者の存在を指摘し、それを打破することで、これまで利益を得られてこなかった人々への再分配を主張するポピュリズム首長である（有馬、2011、水島、2016）。さらにいえば、財政再建を争点とすることは、議会には期待できず、首長をおいて他にはない。改革派首長やポピュリズム首長でなくとも、財政再建を掲げて当選する首長は多い（砂原、2011a）。

これらの表面上の違いは大きいが、実際の違いは大きくない。財政再建でとられる手段は歳出抑制に限られる。負担の増大を求める首長はまず存在しない。歳出抑制についても、有権者にあれかこれかの選択を迫るわけではない。

二〇〇〇年代以降の知事や市町村長は、利益間対立の調整に乗り出すことを回避し、非効率を見出し歳出削減に励む存在となった。その方法として、政策評価や事務事業評価をよく用いる。知事や市町村長は、有権者に争点を提示し、説得を行う政治家ではなく、都市経営の能力を評価される存在となっていく。

首長は、行政官の顔と政治家の顔の二つを持つ存在である。しかし集権的な制度の下では、行政官として決められた政策を実施する顔が表に出ていた。地方分権改革は、政治家としての顔を表に出すはずだった。にもかかわらず、地方の利益をまとめ上げ実現していくという政治家としての活動を行うことは難しかった。地方分権改革と同時に、財政難が生じてきたからだ。このため、現在の首長は都市経営者としての性格が色濃くなっている。

5　議会選挙制度の限界――政党政治の不在

定数が多い選挙制度

日本の地方議会の選挙制度は、定数が大きく政党投票ができないので、多党制と分権的組織が生じやすい。

選挙区は、都道府県議会の場合、指定都市の区、一般市、町村については郡を選挙区とする。そのうえで各選挙区の人口に応じ議会の定数を配分する。

たとえば神奈川県（人口約九〇〇万人）議会の定数は一〇五であり、人口四〇万人の横須《よこす》賀《か》市には定数五が配分されている。横須賀市民の投票した結果に基づき上位五名が議席を得る。全国の都道府県議会の選挙区の定数を見ると、最小は一から、最大は鹿児島県議会における鹿児島市選挙区の一七に及ぶ。指定都市になると市ではなく区が選挙区となるため、指定都市にはなっていない大都市の選挙区定数が大きくなる。

選挙区定数のばらつきは、郡という、これ以外では使われることのない地域区分を用いたり、指定都市では、行政区である区を用いたりしていることの帰結である。これは、せいぜいのところが選挙実務上の考慮にすぎない。選挙管理業務の負担は大きく、それへの配慮は必要だが（大西編、2013、2018）、政治的代表を創出する単位として根拠がない。

これに対して、市町村議会の場合は、市町村全体を一つの選挙区とする。したがって、たとえば人口約四九万人の兵庫県西宮《にしのみや》市を例にすると、市議会の定数は四一なので、各候補者の得票にしたがって、上位四一位までの候補者が当選することになる。ただし、指定都市については、先述したように区を選挙区として、人口に応じて定数を配分する。

都道府県議会への影響

この選挙制度は都道府県議会に大きな影響を与えている。最大の影響は、安定的な政党政治が難しくなることである。

都道府県議会では、同じ議会の構成員なのに、さまざまな選挙定数の選挙区から議員が選出される。このため、小選挙区制なら二大政党制、比例代表制なら多党制のように、選挙制度が特定の政党システムを生み出すメカニズムが機能しない。一つの議会内で、一党優位を生みやすい選挙区、二大政党制を生みやすい選挙区、多党制を生みやすい選挙区が混在するからである。

しかしそれでも、選挙区定数は政党システムを規定する。農村部の町村が多い道や県ほど、自民党の一党優位、あるいは二大政党制を生みやすい。指定都市にならない程度の大都市が多く存在する県の場合に、多党制が進みやすい。小規模の都市と指定都市の占める割合が高い都府県では、二から四程度の政党が成立しやすい。

このことを1－3で見てみよう。横軸に都道府県の選挙区定数の平均値、縦軸に都道府県の政党システムを有効政党数という指標を用いて示した。有効政党数とは、単純に政党の数を数え上げるのではなく、政党の勢力比も考慮して、実質的に競い合う政党の数を示す指標である。

1－3を見ると、選挙区定数の平均値が大きくなるほど、有効政党数もおおむね大きくな

1－3　都道府県議会の選挙区定数と有効政党数

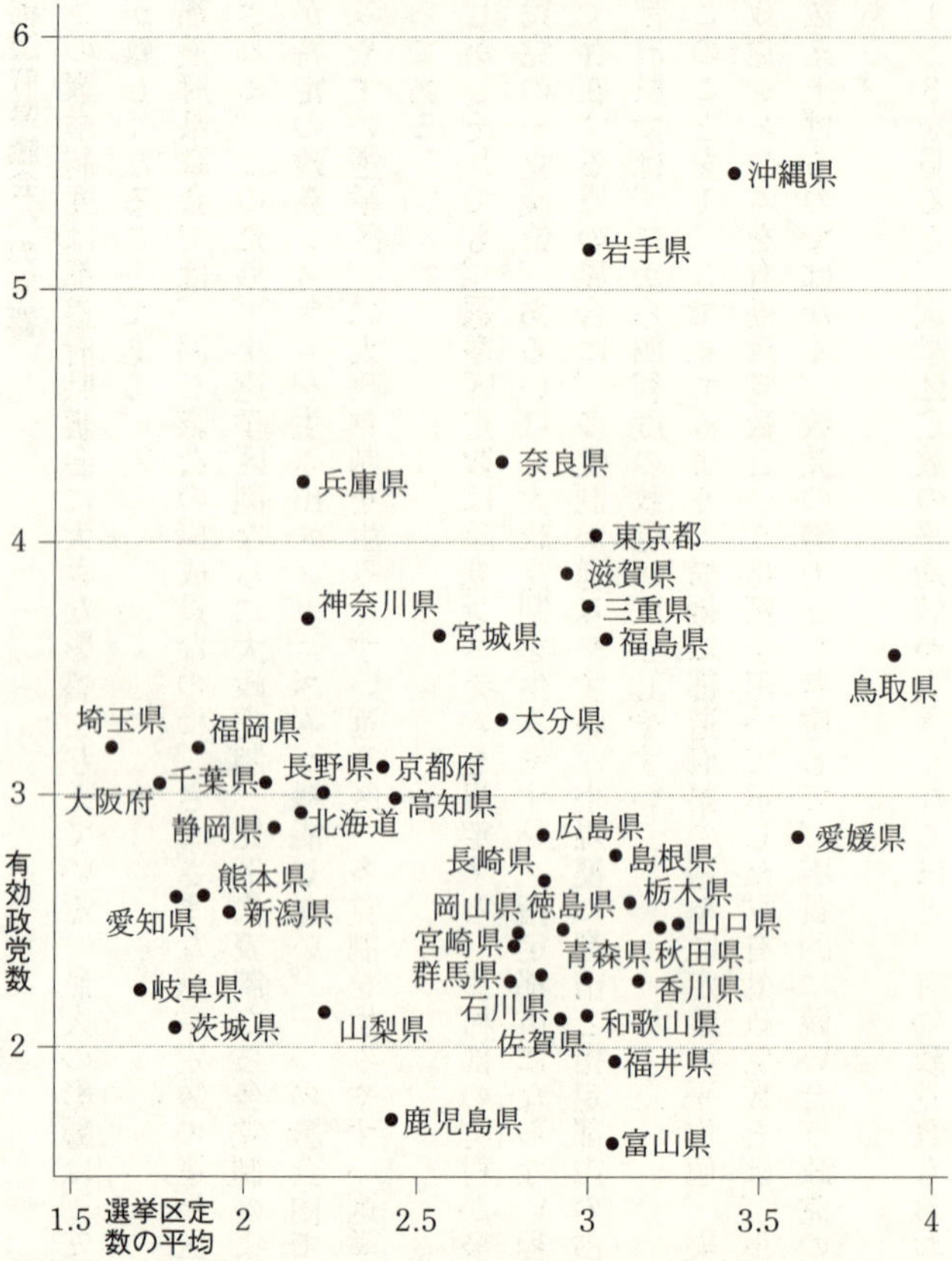

註記：縦軸の有効政党数は，各政党の議席シェアの二乗の合計の逆数であり，同じ政党数でも，特定の政党の勢力が大きい場合，有効な政党数は下がる
出典：選挙区定数は総務省自治行政局選挙部『都道府県議会議員の選挙区等の状況』（2014年）に基づく2013年９月時点，有効政党数は同じく選挙部の『地方公共団体の議会の議員及び長の所属党派別人員調等』（2018年）に基づく2017年12月時点のデータにより算出した．諸派および無所属はそれぞれを一つの政党と見なした

っている。一般に、議席を持つ政党数の上限は、定数に対してプラス1となる。たとえば小選挙区が二大政党を生むのも、この原則の一例である。これをM＋1原則という。多くの都道府県もこの原則に従っている。ただし、選挙区定数は政党数の上限を定めるだけなので、M＋1よりも低い値をとる県も多い。

沖縄県や岩手県は選挙区定数が大きく、有効政党数も大きい代表的な例である。東京都、奈良県、滋賀県、三重県、福島県もそれと類似の性質を持つ。逆に、岐阜県、茨城県、愛知県、埼玉県、大阪府、福岡県、熊本県、新潟県は、選挙区定数が小さく、小選挙区が大多数となっており、有効政党数も二から三程度となる。岐阜県と茨城県を除いて、いずれも指定都市を抱える府県である。

それぞれの地域にはそれぞれの争点があり、そこでの政治代表のあり方が異なることは当然である。全国で共通の政党制が存在しなければならないわけでもないし、国政レベルの政党制と同じ政党制が地方でも成立しなければならない理由はない。

しかし、都道府県議会に見られる政党制は、表面上は多様に見えながらも、その根底にはM＋1原則というメカニズムが横たわっている。都道府県ごとの選挙区定数の違いは、歴史上の偶然の産物にすぎない。本来、選挙制度は、どのような代表制を創出し、どのような権力をつくり出すかを考えるべきものである。都道府県議会を政治的主体としてあらためて位置づけるためには、選挙制度改革は必須の課題である。

新規参入しやすい市町村議会

指定都市以外の市町村議会の場合は、選挙区定数が大きく、M＋1原則の上限に達することはない。国政政党の数が上限となるケースが多い。ただし、農村部の町村では、政党に所属しない保守系無所属の議員が大半となることも多い。逆に都市部では、地域政党の進出が見られることもある。最低当選ラインが低いことから、新規参入の可能性は高い。

市町村議会の特徴は、政党システムよりも、政党組織の面に現れる。選挙制度が政党組織を分権的にしている。政党に対する議員の自律性が高くなるのである。有権者の政党に対する支持を、票に結びつけにくいしくみだからだ。

具体的に説明しよう。あらためて西宮市議会の二〇一五年の選挙結果を例に、有権者が投じた一三万六三四〇票のゆくえと議席との関係を詳細に見てみる。1－4では左から右に投票が多かった順に候補者を並べ、その得票を縦軸にとった。上位四一位のところ、縦に引いた点線より左側が当選者、右側が落選者となる。この四一位の得票数一八〇五票が最低当選ラインである。最低当選ラインとして横に実線を引いた。この二つの線の右下にある票のすべてが死票である。具体的には合計一万九四九八票、全体の一四・三％である。当選者が一人しか出ない小選挙区は死票が多いのに対して、定数の大きな市町村議会では、死票はきわめて少ない。

1-4　市議会選挙の得票の実例

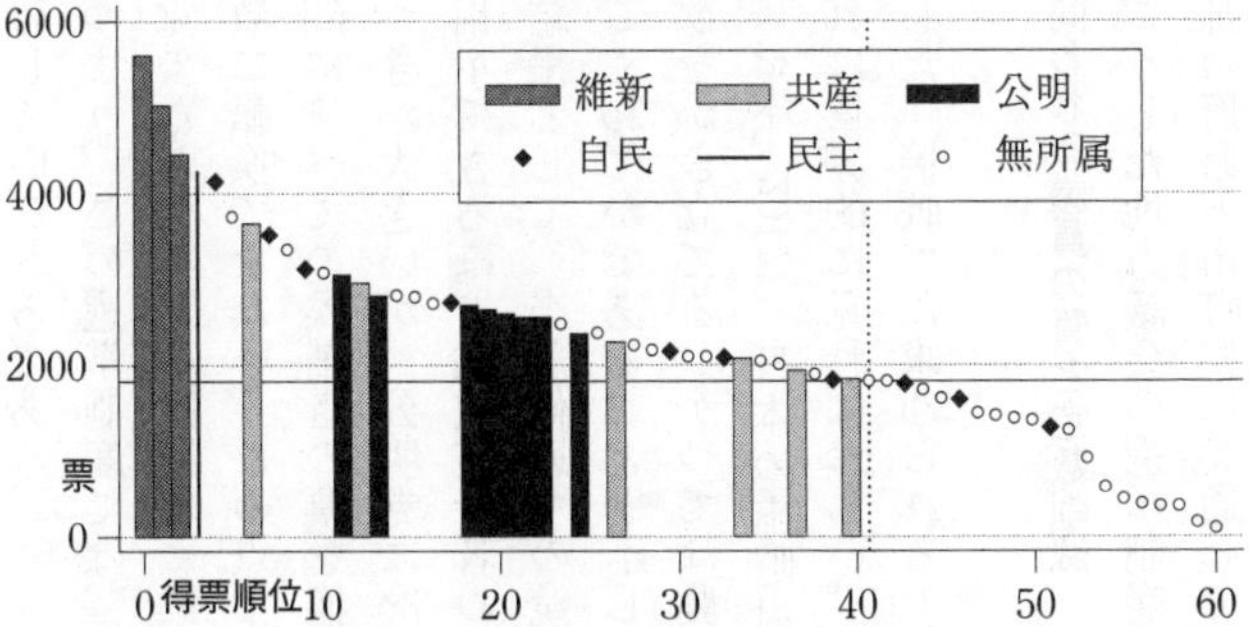

出典：西宮市『平成27年4月26日執行 西宮市議会議員選挙 開票結果』を用いて筆者作成

しかし、市町村議会の現行選挙制度は、別の意味での死票をきわめて多く生むしくみでもある。それは当選ラインを超えている票、1-4でいうと四つに区切られた左上にある票である。当選ラインを超えた票は、その候補者の当落を左右しないという意味で「無駄」な票である。言い方を変えると、この「無駄」な票は、有効に活用しえた票でもある。グラフでは棒の濃さや太さ、記号によって候補者の政党の別を示している。たとえば◆で示した自民党の候補者は、三名落選している。しかし自民党の上位当選者には四〇〇〇票以上を集めた者もいる。当選ラインを上回る票の一部でも回っていれば、落選者は当選できていた。

こうした「無駄」は、候補者数が過小な場合に、より大きくなる。たとえば、維新は三名の候補者を立て、上位三位を独占しているが、もっと多くの候補者を立てていれば、より多くの議席を獲得できていただろう。三名の当選者がいずれも当選ラインの二倍以上の票を獲得していたからである。

つまり、この選挙制度では、政党が過小でも過大でもない候補者を立て、政党支持者が同じ党のなかで特定の候補者に票が偏らないよう調整しなければ、政党支持者の数をうまく議席数に転換できない。この点で最も効率的なのは公明党であり、三〇〇〇票から二〇〇〇票の間にすべての候補者の票を揃え、八名全員の当選を果たしている。共産党も、やや票のばらつきが大きいが、公明党に次いで効率的であった。党執行部が候補者への票割りを支持者に指示できるほど政党支持者の組織化がされていない限り、こうした選挙はうまく戦えない。

結果として、当落付近での競争は激しい。1-4は三〇位台後半から四〇位台前半の票差がごくわずかであることを示している。このような選挙戦の見かけ上の激しさは、投票参加意欲をかき立てる。かつては農村部の有権者は、地方選挙を「ハレの日」として楽しんできた（杉本、2017）。日本の市町村選挙の投票率は、国政選挙や都道府県での選挙を上回る。これは世界的に見れば珍しい。多くの国では、国政選挙の投票率が最も高い。その理由はこうした「接戦」に求められる（Horiuchi, 2005）。

問われる議員の質と定数削減

こうした地方議会の選挙制度の帰結が、政党政治の欠如である（ヒジノ、2015）。

都道府県と市町村に共通して、選挙における政党への依存度は低く、政党は分権的であるか、場合によってはそもそも必要とされないこともある。ただし、有権者の多くが国政選挙を最重要の選挙と考えることから、国政政党が地方議会にも進出することはある。都道府県議会の方がその傾向は強い。

議場における安定的な多数派を築くインセンティブも弱い。このため、議場における会派は、必ずしも政党と一対一の関係にならない（曽我、2012）。議員たちは各々が狭い個別利益を実現しようとするので、議場で条例を決めることよりも、首長や行政部局と結びついて、自らの意向を実現することに力を注ぐ。会派の離合集散が頻繁に起こり、自民党系の会派の分裂なども頻繁に生じる（砂原、2010）。

選挙戦から当選後の活動に至るまで、議員は議員個人として動く側面が大きい。選挙区定数が大きく、とりわけ市町村議会では当選ラインが低いため、個人単位での参入が容易で、多種多様な人々が入ってくる。このことは、意欲と能力の高い政策起業家の性質を持った議員をもたらすこともあれば、議員としての資質を欠いた議員を生み出すことにもつながる。政策活動費の不適切な使用などにより辞職に追い込まれる地方議員が後を絶たないのはこのためである。

政党制が確立していれば、立候補者の資質チェックなどのスクリーニング機能や、議員としての活動についての教育機能を政党が果たせる。だが、日本の地方議会にはそれが欠落している。

有権者がこれらの機能を果たすことも難しい。選挙で議員個人の責任を問い落選させることは、複数定数に対し一票しか投じられないしくみでは、小選挙区制よりもはるかに難しい。地方議会で候補者個人を基準とした投票が行われるため、有権者には、一人ひとりの議員だけが目の前に映り、勢い、議員の処遇が関心の中心になりやすく、報酬や議員定数が問題視されやすい。各地で進む議員定数削減では、議会が果たすべき役割から必要な人数が論じられることはない。

首長に対するチェック機能であれ、首長に対抗する立法機関であれ、首長への機関対立主義を実現するには、議会としての意思決定が行えることが必要である。そのために必要ならば、議会の定数を小さくすべきである。そのうえで政党制をどうするかをさらに重ね合わせて考えなければならない。多数派を明確につくり出すのか否か。政党を通じて首長との間に対立・協調の関係を明確につくり出す方向を目指すのか否か。これらが検討の主たるポイントになる。

こうした点の検討なく、ただ、議員の処遇のみから議員定数をいくら考えたところで、機能しない議会を生み出すだけである。ただ削減すればよいというものではなく、どのように機能させるのか、それを実現するために何が必要かを考えることが必要である。

地方議会の本来果たす役割とは

日本の地方議会は提案権をほとんど行使していない。一九六〇年代後半からの四〇年以上にわたる都道府県議会の分析によると、議員提出の条例案は一年間で平均一・二七にとどまる。議員報酬など議会運営に関するもの以外の政策的な条例案となると、〇・一七しかない（築山、2014）。

だからといって、提案権を用いない理由を議員たちの努力不足に求め、叱咤《しった》激励をしても事態は改善しない。提案権を用いるインセンティブがないからだ。提案権を使わねば、自分たちが求める政策が実現しないならば、それを使おうとするはずである。つまり、提案権なしでも望む政策を実現できているのである。

議会は自分たちが望む政策を、提案権ではなく、拒否権を通じて実現しているのでもない。戦後の都道府県議会についての主たる研究によれば、知事提出議案が原案通り可決される割合は、八七％ほどから九三％と九割を超える。議院内閣制の国会以上の可決率である。ただし、知事与党が多数派を占めない場合、修正や否決は増えていく（馬渡、2010、辻、2014）。逆にいえば、議会の多数派は、拒否権を行使するまでもなく、自分たちの意向を、政策案に反映させることができている。議会の影響力が行使されるポイントは、議場ではなく、首長との事前交渉なのである。

大統領制における議会を念頭に置いて、議会の役割として政策提案の機能を期待する声は強い。議会の立案能力を向上させるための、さまざまな改革提案も出されている（廣瀬、

2010、江藤、2011、吉田、2016)。しかし、日本の地方議会に政策提案の役割を期待することは、現実的基盤に欠く。

変わらずにいられるのか

首長と議会の関係は、選出と解任にねじれがある点で、政治学の知識ではうまくいかないしくみである。それでも、二〇〇〇年代に入るまで、あまり問題は顕在化してこなかった。議会では、政党制が確立しない選挙制度が採用されてきた。にもかかわらず、やはり大きな問題があったと考えられてきたわけではない。

高度経済成長を背景に、国政レベルでも個別利益の分配を中心にしている間は、地方政府の政治制度は、それと整合していた。また、地方分権改革が進むまでは、地方政府として、争点をパッケージ化して住民に提示する必要もあまりなかった。

しかし、二〇〇〇年代にはこれらの条件は失われた。地方議会の政党制を確立することは、首長と議会の関係を健全化するためにも必要である。これができないことで、代表制が決定すべきことが、一部は行政機構に、一部は住民に回る傾向が強まっている面がある。次章では、行政機構と住民の現状を詳しく見ていこう。

第2章　行政と住民——変貌し続ける公共サービス

1　総合的な組織下の人事管理

中央政府とは違う最大の特徴

地方政府の実際の活動を担うのは、行政組織である。地方政府の行政組織はどのような特徴を持つのか。それを支える人々の特徴は何か。

地方政府の行政組織の最大の特徴は、県庁や市役所全体が一つの組織となっていることである。部局ごとに予算を抱えていたり、人事が行われたりするのではない。当たり前に思えるかもしれないが、中央省庁と比べれば、その違いは歴然である。霞《かすみ》が関《せき》には国土交通省や文部科学省といった省が存在し、省ごとに人事や予算が決められている。各省がそれぞれ一つの組織なのである。政策領域ごとの分立性が中央省庁は高い。これに対して、地方政府は総合的である。

地方政府は規模が小さいから、一つの組織になっているわけではない。たしかに最大の職員数を誇る東京都は一七万人にも及ぶ職員を抱える。国家公務員は全省庁の一般職をあわせて二八・五万人（二〇一八年度）である（この他、防衛省職員が約二六・八万人いる）。

ただし、序章でも述べたが、地方公務員合計二七四・二万人（二〇一七年四月現在）のうち、教育部門に従事するものが約一〇二万人、警察部門が約二九万人、消防部門が約一六万人、公営企業など（地下鉄やバスなど）が約三六万人であり、一般行政部門は約九二万人、全体の三三％となる。教師、警察官、消防士、運転士が他の部署に配属されることはほぼない。これらは独立性の高い別組織といってよい。それでも、一般行政部門の職員について、国のように政策領域ごとに異なる組織となっていないことは大きな特徴である。

都道府県と市区町村の職員数をグラフにしたのが、2－1である。都道府県の職員と、その都道府県内の指定都市および市区町村の職員合計の比率は、おおよそ一：一程度である。最大の地方政府は東京都の一七万人である。これは二三区の職員（六・一万人）を含まない。神奈川県および横浜市・川崎市・相模原《さがみはら》市の合計や大阪府と大阪市・堺《さかい》市の職員合計はいずれも一二万人程度。他方で、農村部では、県と市町村の職員合計が三万人弱のところも多い。東京都と都内市町村の合計が二六万人ほどなので、八分の一ほどであるが、人口の違いに比べれば職員数の違いは小さい。都市部の公務員数が相対的に抑制されていることがわかる。

2－1　都道府県別都道府県・指定都市・市区町村職員数

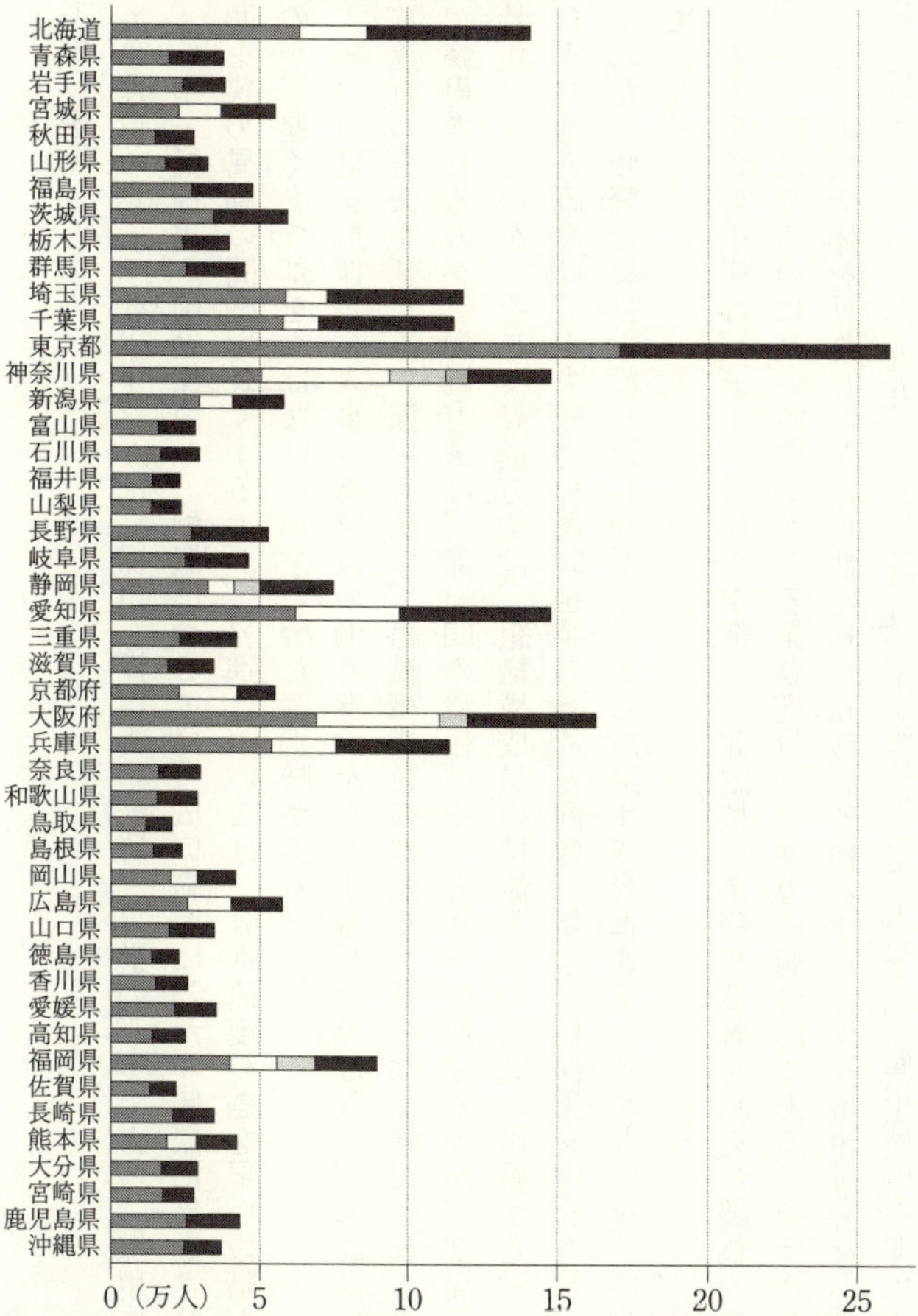

註記：左から順に都道府県，指定都市その１，その２，その３（いずれも該当がある場合のみ），その他市区町村の職員数合計を示す
出典：総務省自治行政局公務員部給与能率推進室『地方公共団体定員管理調査結果』（2018年３月）に基づき筆者作成

人事の運用

人事運用で見るべきポイントは、採用、採用後の配置、昇進の三つである。採用については、新卒一括採用か中途採用か、配置については、広い範囲にわたり頻繁に異動させるのか、範囲を狭め異動の間隔を長くするのか、昇進については、昇進速度の差を早い段階からつけるのか、遅くまで差をつけないのかといった選択肢がある。

人事は組織を形作る。人事は構成員の働く意欲を左右するだけではなく、構成員の技能や業務遂行の方法を変える。採用方法は、組織構成員の技能が組織内部で修得されるのか、外部で修得されるのか。配置方法は、部局間の情報のやりとりを促進するのか、部局単位で専門特化させるのか。そして昇進方法は、組織構成員の技能蓄積の期間に影響する。

日本の地方政府は、中央政府や民間企業の多くと同様、新卒一括採用を中心とし、広い範囲にわたり頻繁な異動を繰り返しながら、ある段階まで昇進速度に差がない年功序列制をとってきた。

この人事管理手法は、チームで仕事を進め、非定型の業務や部署を超えた調整の必要が多く、一人前になるのに長い時間がかかる業務遂行のやり方に適合的である。ジェネラリストとして、組織全体を見渡しながら長期にわたり技能蓄積をすることが重視されている（稲継、1996、2000）。ただし一九九〇年代以降は、中途採用の増大など、雇用環境の変化に伴い変化があるのも、中央政府や民間企業と同様である。

しかし、細かく見ると、霞が関の人事慣行との違いもある。さらに詳しく見てみよう。

霞が関との違い

地方政府と中央省庁の人事管理方式を比べると、地方政府では第一に、昇進における「平等主義」がより強い。採用の時点から幹部候補生、いわゆるキャリア官僚をそれ以外のノンキャリア官僚と別枠で採用する中央省庁とは異なり、採用時にそうした区分を行わない。その後も同期採用者の間で昇進の差をつけない傾向が強く、また昇進が遅くなった職員への処遇の配慮が見られる。

中央省庁のキャリア官僚の場合、昇進に差がつきはじめる課長級以上の段階では、昇進が見込まれない職員は関係団体などの「外」に出される。「昇進か、さもなければ転出か」(up or out) の原則と呼ばれる。

しかし、地方公務員には、定年までの身分保障が原則として与えられる。だからこそ、すべての職員のモチベーションを保ち続ける必要がある。昇進できない職員が業務への意欲を完全に失う事態を避けることに注意が振り向けられる。労働団体との関係がより近く、その要求を受けやすいことも影響している。

第二に、大規模な地方政府の場合は、昇進基準として定型的な能力試験の成績を用いる。

霞が関のキャリア官僚の場合は、定型化できない能力を含めて、評価情報を蓄積して用いている。このようなきめ細やかな情報の把握と収集が可能なのは、各省ごとに、キャリア官僚を年間数十名程度の採用者に限定しているからである。

しかし、職員数がはるかに多い地方政府の場合、誰を昇進させるかを筆記試験によってふるい分けせざるをえない。警察職員などでも、昇進試験が多く用いられる（一瀬、2014）。地方政府によっては、係長級、課長級と複数の段階に対して昇進試験が用意されていることも多い（松井、2007）。

第三に、ジェネラリストを志向するのかスペシャリストを志向するのかは明確ではない。まず、スペシャリストとしての育成姿勢は見られない。地方政府では、第一線職員と呼ばれる、現場で直接市民と接するため管理部門の目が届きにくい職種が多い。教員、警察官、福祉のケースワーカーなどである。目が届かないだけに、専門職としての価値規範を内面化するように訓練することが他国では多い。

しかし日本では、とりわけ福祉に関わる職員は一般行政部門と切り離されず、専門職化しないため、第一線職員としての性格は必ずしも強くない（関、2014）。技術職の数も少ない。一般事務職が約七五万人であるのに対し、看護師が一三万人、医師が二万五〇〇〇人、土木技師が八万二〇〇〇人、保育士が八万五〇〇〇人、農林水産技師が三万二〇〇〇人といったところである。

他方で、一般事務職員が、ジェネラリストといえるほど経験する職務の幅が広がるわけではない。各々が基本とする職種（福祉畑や財政畑など）を中心に、二〜三年ごとに狭い幅での異動を繰り返すことが多い（前田、2016、北村他、2017）。結果として、業務の特殊性が強い職場では、同じ職場に長年いる職員が多い。たとえば、選挙活動の規制が複雑で、投開票業務など業務内容の特殊性も高い選挙管理委員会事務局だと、職員の勤続年数は長い。小規模市町村だと平均五年程度となっている（曽我、2018b）。

スペシャリストを志向せず、さりとてジェネラリストを徹底して育成するのでもないのは、地方政府の所管する業務の幅が広く、それを一つの組織として所管するためである。裏返すならば、霞が関の省庁は政策領域を限定して所管しており、ジェネラリストといってもその範囲内でのジェネラリストである。たしかに、一部は省庁を超えて異動を行う官僚も存在し（牧原、2003）、二〇〇〇年代以降は内閣官房の拡充により増えている（曽我、2016）。それでも、各省庁の業務を広く薄く経験できるわけではない。

地方政府は総合性が高いため、人事を通じて、緩やかに組織内での分割が行われる。それをスペシャリスト志向と捉え、東京都を代表例とする論者もいるが（林、2014、2015）、地方政府一般にあてはまるものではない。

小規模市町村の場合は、組織規模に比して業務の幅が広すぎるため、繁忙にあわせて係を超えて連携することが多く、チーム制・グループ制に近い。階層数も少なく、縦横両方での分業が進まない。人事サイクルは長く四年から五年を平均とするが、だからといって専門性は高まらない。一人で幅広い複数業務を抱えているからである（伊藤、2004）。

2　緩い組織統制――首長の抱える困難

乏しい政治任用職

行政組織を遠心化させず、機能的に動かすには、全体のマネジメントが欠かせない。その実態を見ていこう。

まず、行政組織と首長の関係から考える。首長と行政機構の接点はどうなっているのか。首長の意向を受け、どのように行政機構を動かしていくのか、あるいは行政機構の利益や考えをどのように首長に伝え、受け入れさせるのか。

行政組織・職員と首長の関係、つまり政官関係は多様な形態をとるが、大統領制では政治任用が統制手段の中心的な部分となる（曽我、2016）。アメリカの大統領のように、大量の政治任用職が、最も直接的に行政府を掌握する方法となる。資格に基づく任用とは別に、その人物の能力や忠誠心などに基づいて、多くの行政職員を任用できることが、アメリカの大統領の強みの一つである。

しかし、日本の首長はきわめて限定的な政治任用しか行えない。副知事や副市長といったナンバー2だけが、地方自治法に定めがある政治任用職である。それも議会の同意が必要である。条例により、置かないことも、二名以上置くことも可能になる。東京都などでは四名の副知事が置かれている(田村、2006)。

裏返すと、副知事や副市長より下、つまり局長級のポジションまでのすべては、職業公務員が占めている。革新知事として著名な美濃部《みのべ》亮吉《りょうきち》が都知事就任に際して、「落下傘で降りるような気持ち」と語ったのは、巨大な官僚機構にほぼ単身で乗り込む状況から出た実感だったのであろう。

公式の政治任用職が少ないことは、非公式なブレーンの利用にもつながる。とりわけ、議会や役所を経験せず、外から乗り込んできた首長の場合、その傾向が強い。これが外部の視点をもたらし、うまく機能することもある。しかし権力の所在を不明確なものとして、政権運営に不透明性を招くものともなりかねない。そこで、副知事・副市長を職業公務員出身者から選び、職業公務員のみを基盤として行政機構を動かすことを選ぶ首長もいる。

行政組織との関係では、日本の首長は大統領制と呼ぶにはほど遠い。大統領制を成り立たせる要素は、大統領が別個の選挙によって選ばれる点だけではない。行政権と立法権が行政府と立法府に明確に区分され、行政府の権限がトップの大統領に集中することも大統領制の特徴である。大統領が行政権限を集中して行使するには、行政組織をトップダウンの指揮命令に従う組織とする必要がある。大統領と行政機構の接点となる部分はその要《かなめ》となる。日本の首長はこの点で非力である。

人事への関与

首長と行政組織の関係のもう一つの側面は、職業公務員の配置や昇進といった人事管理に、どこまで関与できるかである。職員の誰をどのポジションにつけるのか決める際、首長はどこまで関われるのだろうか。

形式上、行政組織は首長を補佐するためのものである。その人事権はすべて首長にある。また、政治任用職が少ないのだから、首長は自分の意向に沿った人物を選びたいという意欲を強く持つ。しかしそれには、具体的な人についての情報が必要となる。このため、任期当初から人事を動かすのは難しい。職業公務員出身者の副知事・副市長を選ぶ理由もここにある。それでも、任期を重ねるなかで、自身で把握する局部長級の人物について、人事を直接動かしていく者も出てくる。

逆に行政職員から見ると、人事の自律性は低い。長期政権が続くほど、行政職員の首長に対する自律性は失われやすい。首長の直下に至るまでを行政職員が占めているだけに、上層部には政治的な影響が及びやすいからだ。

昇進を目指す職員にとって、政治との距離の取り方は難しい。首長と大きく距離を保ったままでは昇進は難しい。しかし選挙で選ばれる存在だけに、首長には定期的な交代の可能性がある。あまりに現在の首長と距離が近いと、首長が交代したときに冷遇されやすい。

政官関係を論じるとき、日本では中央政府のみを念頭に置くことが多い。地方政府の政官関係は、あまり議論されてこなかった。しかし、行政機構にどの程度の自律性を持たせるのか、首長にどのような統制手段で、どの程度の統制を可能とするのかは、地方政府でも統治制度設計の重要な鍵である。現状では、政官関係の視点を明示的に意識しないため、公式の統制手段の不足と人事を通じた過剰な政治的影響が生じている。

トップ・マネジメントの理論

上層部によるマネジメントのもう一つの側面は、行政機構全体の管理である。分業の体系として構成される行政機構を、全体としてどのように統合するのか、統合するための手段として、指揮監督権限を用いるのか、金銭や人員といった資源の配分を用いるのかが注目点である。

指揮監督権限による統合と、資源配分を通じた統合のいずれになるかを決めるのは何か。組織下位の部分のあり方がそれを決める。組織の下位で、部局の垣根を越えて情報が行き来しやすくするには、権限の割り当てを明確にしない方がよい。この場合、金銭や人員といった資源の配分により統合しないと、組織は遠心化する。逆に、組織の下位の権限を明確に割り当てるならば、その業務の遂行に必要な資源の調達は組織下位に委ねた方がよい。それまでを組織上位が握ると過剰な統制となる。

組織の横方向の連携が盛んな場合は、統合は資源配分を通じて行われ、逆に横方向の分業が明確な場合は、資源配分の管理は分権的に行われる。このどちらかの形態をとる場合に、組織下位の自律性を生かしつつ、組織全体の統合が保たれる。すべてを組織上位が行えば下位は力を発揮できず、すべてを組織下位が握れば組織は遠心化する。権限か金銭・人員のどちらかの統制が必要にして十分である。このことを双対原理と呼ぶ（青木、1995、青木・奥野〔藤原〕編著、1996）。

ただし、行政機構のトップ・マネジメントが双対原理に従う保障はない。政治との関係がトップ・マネジメントを形作るもう一つの要素だからである。日本の地方政府では、首長の意向次第で組織形態も変わる。組織編成上の効率性は、資源配分を通じて管理した方がよくても、首長にどうしても実現したい政策があるならば、具体的な指示を出せることを、マネジメント機能として重視するだろう。知事本局を設けた石原慎太郎都知事はその代表例だ（佐々木、2010）。

地方政府の場合、中央政府との関係も制約要因となる。たとえば、金銭を通じたトップ・マネジメントは、地方政府の財政的自律性がなく、中央政府がそれを管理している場合には、実現困難である。

トップ・マネジメントの変遷

日本の地方政府におけるトップ・マネジメントの実際はどうなっているのか。

基本は、権限ではなく、資源配分によるマネジメントである。しかし、限定されたジェネラリストという一般的な人事管理の特徴、言い換えるならば、水平的な情報流通を最大化することに徹しきれない組織のあり方からもわかるように、マネジメントのスタイルは混在しがちである。

さらに、中央・地方関係の特徴によって、予算編成の自由度が低いため、資源配分を通じたマネジメントは難しい。中央省庁では、財務省が官庁のなかの官庁などといわれ、予算編成を通じて省庁全体に対する一定の統制をかけているが（山口、1987、真渕、1994、清水、2015）、地方政府では、財政部局がそこまで強い存在とは認識されない。地方政府では、裁量のある一般財源が乏しく、裁量がなければそこに影響力は生まれないからだ。個別部局が中央から補助金を取ってきて、一般財源の裏当てを行っていく場合、この傾向はさらに強まる。

人事管理もしかりであり、官房部門で人事情報を集中管理することが貫徹しないため、ジェネラリスト志向に徹しきれず、異動範囲が一定の枠内に収まってしまう。

他方で、首長が実現したい政策を持ち、その実現に向けたマネジメントが志向される側面もある。それは、計画行政との連動である。

一九六〇年代に入ると、五ヵ年計画や長期計画などの計画を立案したうえで、行政を展開する傾向が強まった。地方政府でも、長期にわたる総合計画を策定したうえで、五ヵ年計画などに分けて具体化しながら、毎年の行政運営を行うことが自治省を中心に推進された。政策における目標と手段の体系を導入しようとする「近代化」「合理化」運動の産物といえる。そうしたなかで、長期計画の策定にあたる企画部門が成立していく（稲垣、2015）。首長のトップ・マネジメントも企画部門を通じて実施されることが期待された。

しかし、それが実現したとは言いがたい。計画の策定自体が自己目的化しがちだったからだ。理念から実現手段までの明確な構想がない限り、トップダウンで計画を立案し、詳細化・具体化していくことは容易ではない。企画部門は、「ホッチキス部門」と揶揄《やゆ》され、ボトムアップで各部署が出してきた計画を束ねる存在に終わることも多い。

総じて、日本の地方政府におけるマネジメントは、さまざまな主体が相互に調整なく、緩い統制をかける形となる。それは統制全体の方向性を曖昧にする。また、統制の全体量が多いため、組織下部の自律性が失われ、全体としての効率性も損なわれる。

この傾向は二〇〇〇年代以降も、形を変えながらつづいている。地方分権改革の進展により自律性が高まり、経済の停滞に伴い財政困難に直面するという二つの条件を前提に、それぞれのマネジメントは変化を見せた。資源配分の管理については、事務事業評価と結びつきながら、歳出削減を強化する動きが強まった。他方で、企画部門と総合計画による管理は、政策法務という概念を梃子《てこ》に、法務部門を通じた立案を志向する動きに転じた（金井、2013）。それぞれさらに詳しく見ていこう。

3　多元的なマネジメントへ——二一世紀以降の変化

NPMによる効率性追求

二〇〇〇年代以降の日本の地方政府におけるマネジメントを理解するには、NPMの理解が欠かせない。

NPMとはニュー・パブリック・マネジメントの頭文字をとったもので、新しい公共管理や新公共管理と訳される。一九七〇年代に政府部門の非効率性や赤字国営企業などの「政府の失敗」が指摘されはじめ、一九八〇年代には、民営化などを通じて民間市場の活用を求める議論へと展開する。この流れを受け継ぎ、行政組織の運営や管理手法に、民間企業と同様の考えや手法を導入するよう求めるのがNPMの考え方である。イギリスやニュージーランドなどアングロサクソン諸国を中心にさまざまな試みが実践されてきた。

NPMの中心目標は、組織活動の効率性の追求である。それ以前の行政活動が公正性、平等性、手続き的正当性を重視してきたこととは大きく異なる。

達成手段は、競争と外部統制の強化である。伝統的に、行政機関は競争にさらされず、公共サービスの提供を独占してきた。これに対してNPMは、民間企業、NPO、他の行政機関との間の競争を導入する。そのため、遂行すべき業務を明確化したうえで、一定期間経過後の事後評価により、結果を出しているか否かを判定することが求められる。

NPMの動きは一九九〇年代以降の日本に影響を与えた。中央と地方の行政それぞれが変容を迫られたが、とりわけ地方への影響は大きかった。NPMの発想は、政策の企画立案よりも、その実施を対象とするからだ。事務事業評価の実施をはじめ、いずれもが地方で先行した。

しかし、その導入に際しては、「日本化」が施された。何をどのように導入するか、あるいはどのような形で実施するか、その適用過程でさまざまな換骨奪胎が進む。例として、評価をとりあげてみよう。

評価の実相

行政に対する評価制度の設計のポイントは、何のために、誰の手によって、何を評価するかにある。評価を通じて行政機関の責任を問い、資源配分の管理強化に使うことができる。あるいは、政策がうまくいかない原因を探り出し、見直しを行うためにも使える。評価の主体には、行政機関以外の外部の主体か、行政機関自身かという選択肢がある。評価の方法は、数値化による業績測定を重視することもあれば、質的データも用いて実施過程を見直すこともある（山谷、2006、2010、2012）。

日本での評価は、行政外部の手によって、数値化された業績測定に基づいて、無駄を見つけ出し、資源削減を図る手段として理解されることが多い。民主党政権が中央省庁を対象に実施した「事業仕分け」が典型例だが、これはもともと地方政府で多く実施されてきた。地方政府は二〇〇〇年代に入る頃から事務事業評価による歳出削減を積み重ねてきた。

これは、行政自身が政策目標の実現を損ねている手段を探し出し、その改善を図るプログラム評価とは相容《あいい》れない。そこでは目標実現のための手段について、現状の手段と他の手段を比較することが重要である。しかし、事務事業評価では、他の地方政府の業績との比較や、設定された数値目標との比較が重視される。

こうした「日本化」の原因は三つある。一つは、財政困難に直面し、財政削減を実現する手段が求められていたことである。二つには、政策を実現するための手段を検討する経験に乏しく、政策目標の実現のためのプログラムではなく、資源管理こそが組織を動かすことだという認識が強いことである。三つには、行政への信頼が失われるなかで、曖昧な形の評価では行政組織はごまかしを図るという懸念が強かったことである。このため、数値化が強調され、すべての事業を対象として、無駄を発見することが重視される。

現在、日本の地方政府のほとんどで、毎年、網羅的な形での事務事業評価が行われている。政策の見直しのための評価ならば、政策の効果が形をとる期間にあわせて評価すればよい。

しかし、評価は毎年の予算編成同様に、あくまで資源管理の一環に位置づけられ、外部統制の強化となることを期待された。このために、網羅的に指標を数値化して、毎年の評価を行っている。しかし数値化の強制は形式主義に、網羅性は情報が多すぎて政治家や市民が結局それを利用しないことに、そして毎年の策定は行政職員の負担感につながっていった（金井、2010）。

"国産の"政策法務という発想

政策法務は、NPMと同じく一九九〇年代に、地方政府のマネジメントに登場し、総合計画に代わって政策立案の手段として注目されるようになった。政策の作り手としての地方政府の性格を強調し、条例を通じて新たな政策形成を図るものである。輸入品のNPMに対して、これは国産のマネジメント手法といえよう。政策法務への注目があるからこそ、地方分権改革でも、規律密度が改革のターゲットになる。法令が定める部分を縮小させない限り、条例を定める余地は拡大しないからである（礒崎他、2014）。

一九九〇年代以降の新たな条例制定の動きは多方面に及ぶ。まちづくり条例（内海、2010）や環境基本条例のような政策領域ごとに基本的な方向性を示す条例、行政手続き、パブリック・コメント、あるいはオンブズマンのような政策手続きのあり方、より広く統治スタイルに関する条例、さらに、自治基本条例のように統治機構全体の方向性を示し、地方政府に立憲主義的制約を課す条例まで、種々の政策的条例が広がっている（金井、2010）。こうした条例策定を支援するために、政策法務が生み出されてきた。

地方政府に対する訴訟が増え、対応を迫られるようになったことも、政策法務を拡大した。一九九〇年代の統治機構改革のなかで、地方分権改革などと並んで司法制度改革も行われた影響である。独立性が強まり、正統性の調達を自ら図る必要が高まったことで、司法府はかつてより積極的に行政活動への判断を示すようになっている。とりわけ、情報公開や行政手続きなど政策手続きに関する訴訟が増えたため、政策の中身に立ち入らずに、判断できる領域が拡大した。市民オンブズマンは情報公開を武器に、訴訟を多く提起している。

政策法務は一方では条例を拡張し、他方ではそれを遠因として生じた訴訟への対応によって、その存在意義を高めている（鈴木、2009、田中、2015）。

多元的な統制——マネジメント部門の乱立

かくして、現在の日本の地方政府の行政機構には、マネジメント部門の乱立が見られる。これは人事、予算、評価、企画・計画、法務の最大で五種類に及ぶ多元的な統制がかかる。これは明らかに過剰である。相互に矛盾が生じるか、結局どれも使いこなせないことになりかねない。ポピュリズム型の首長のなかには、これらのいずれでもなく、行政組織の外に改革を主導する臨時組織を設置することが多い。それは首長側の問題でもあるが、使い勝手がよく有効なマネジメントの勘所となる部分が存在しないことにも起因している。

多元的な統制は過剰な統制を生むが、外からは明確な統制の欠如にも見える。統制の欠如と映ることは、中央政府をはじめとする外部からの介入を招きやすい。しかし、外部からの介入は内部統制をさらに弱めかねない。悪循環の発生である。

近年では、中央政府からの介入は、官邸主導の政治によって強化されてきた。地方分権化と相まって、地方政府間の競争の促進が新たな方向となりつつある。安倍晋三政権による地方創生政策の一つに、ＫＰＩ（重要業績評価指標）が取り入れられているのはその例である。

安倍内閣では、既存の省庁による政策形成に加えて、官邸主導の政策形成が活発に行われている。内閣官房に多くの人材が集められており、省庁が横並びで存在する八ヶ岳《やつがたけ》型の組織から、内閣官房と省庁が縦横に入り交じるマトリクス型の組織に中央行政機構は変容しつつある（曽我、2016、2018a）。そうしたなかで、地方政府に対する外部統制の主体として、官邸も新たに加わった。

地方創生政策は、安倍政権の主要政策として二〇一四年から取り組まれている。内閣官房のまち・ひと・しごと創生本部と内閣府の地方創生推進本部が主体となる。地方創生政策の実際の施策の主要部分は財政支援だが、給付に際して、すべての自治体に人口ビジョンと総合戦略の策定を求めている。総合戦略では、政策アウトカムを対象としてＫＰＩを定める。それに基づきＰＤＣＡ（立案・計画、執行、検証・評価、改善）を実施していく。

総合計画という戦後の伝統のうえに、一九九〇年代以降、評価が加わった流れを踏まえ、官邸がそれを吸い上げたものともいえる。もっとも、政策アウトカムの測定は容易ではなく、無理に数値化しても、実質的な評価とならない可能性もある。

とはいえ、地方創生やKPIを否定しても、日本の地方政府の行政機構が抱えるマネジメントの問題が解消されるわけではない。地方分権改革の下で、選挙制度や執政制度といった地方政府の政治制度を問い直さなかったことと同様に、行政機構の組織管理や組織編成の構造的特徴を問い直すことは十分に行われていない。多元的なマネジメントの実態を明らかにし、改善の道筋を示すことは喫緊の課題である。

4　住民の政治参加・行政参加——直接請求と住民投票

四つの直接請求制度

住民が地方政府で果たす役割は何か。

代議制民主制では、地方政府の住民は二つの立場を持つ。一つは、政策の作り手である政治家を代理人として選び出す本人の立場。もう一つは、政府による政策の受け手、いわば消費者の立場である。人々は普段は公共サービスの受け手であり、選挙のときだけ政治家の選任に頭を悩ませれば、政治や行政に煩わされず生きていける。政治家と人々の分業である。

しかし、人々は常に政治や行政から距離を置こうとするとは限らない。政治や行政に選挙以外の形で参加していく。

日本の地方政府には、選挙以外にも政治参加の制度が用意されている。直接請求と住民投票の二つである。まず、直接請求を見てみよう。これには四つの制度がある。

第一は、首長や議員、そのほか副知事や教育委員会委員などの各種役職者の解職請求、いわゆるリコールである。

第二は、議会の解散の請求である。

これらはいずれも有権者の三分の一の署名に基づいて実施され、議会解散および首長と議員のリコールは、住民投票にかけられる。住民が選挙を通じて、首長や議員の責任を問う時期を選択できるしくみと捉えられる。

第三は、条例の制定や改廃を求めるものである。

住民の五〇分の一の署名を付すことを条件として、住民の側に提案権が与えられる。しかし決定そのものは議会が行う。スイスやアメリカで見られるイニシアティブの制度では、提案から決定権までのすべてを住民に委ねるので、これとは決定権が議会に残るところが異なる。

第四は、事務監査請求である。

これも住民の五〇分の一の署名を集めることで、事務全般について監査委員による監査を求めることができる。住民監査請求と混同されやすいが、住民監査請求は住民一人でも請求できる代わりに、過去一年以内の財務に関する事項のみが対象となる。

日本語の監査という用語は会計監査と同一視されがち（公認会計士による組織を「監査」法人と呼ぶように）だが、オーディット（audit）とは本来、事後的な第三者調査を広く指す。事務監査請求は、第三者調査を住民の手により発動するものである。条例制定・改廃の請求が提案権であるならば、こちらは事後的な調査権である。どちらも間接民主制による決定を否定することなく、それへの外部統制をより強くかけるものである。

地方自治法に定められている直接請求の制度は、住民の選任の機会を増やすことや、提案権、事後的調査権の発動を可能とする。いずれも、間接民主制を前提としたうえで、担い手の選択を定期的に定められた時期以外にも行うこと、あるいは間接民主制による最終的な決定権は維持したまま、検討を促すことや事後的な点検を行うことを求めるものである。政策内容そのものの決定を住民たちの投票で行おうというわけではない。よって、これらを直接民主制の制度、あるいは直接民主制的な制度と称するのは、適切ではないだろう。

三つの住民投票

つぎに、住民投票を見てみよう。住民投票は政策そのものの決定を住民の手によって行う直接民主制のしくみである。ただし、住民投票の結果の用い方によっては、直接民主制とは言いがたいこともある。住民投票を行っても、首長や議会が異なる決定をする場合もある。

日本における住民投票は、大きく三つに分けられる。

第一は、法律制定時に行われる住民投票である。

特定地域に関わる法律制定で住民投票が求められるもので、憲法九五条に規定されている。実際には一九四九年の広島平和記念都市建設法、長崎国際文化都市建設法以降、一九の住民投票が一九五二年までに行われたが、いずれも財政措置を特定の市町や都に与えるものであり、大きな議論を呼ぶまでもなくすべて可決に終わった。

第二は、地方自治法などに定められている住民投票である。

直接請求に関するものとして、議会解散、長と議員のリコールに関するものはすでに述べた。これ以外に、二〇〇四年に制定された合併特例法によって、合併協議会設置の請求を住民が行ったにもかかわらず、議会や長が否決した場合に住民投票が行われる。もう一つは、二〇一二年に制定された大都市地域における特別区設置法で、道府県に特別区を設置しようとする場合の住民投票である（第4章参照）。

第三は、それぞれの自治体が条例に基づいて行う住民投票である。

日本の場合、政策を住民の手で決定する制度は地方自治法には用意されていない。条例により制度そのものをつくり出す必要がある。市町村合併をはじめとして議題を限定して行うものもあれば、常設型と呼ばれあらかじめ議題を決めることなく、重要議題が出てきた場合に住民投票を行うことを定めるものもある。この場合は自治基本条例に定められるものも多い。ただし大半は、投票結果が首長や議会の決定を拘束せず、諮問的な性格にとどまるものである。

実際の住民投票――巻町、徳島市の場合

一九九〇年代後半から二〇〇〇年代前半にかけて、各地で住民投票が行われた。ここでは一九九六年八月の新潟県巻町《まきまち》の原発建設をめぐるものと、二〇〇〇年一月の徳島市における吉野川可動堰《かどうぜき》の建設をめぐる住民投票をとりあげよう。どちらについても社会学者らによる優れた研究が残されている（伊藤他、2005、久保田他、2008）。

現在では新潟市となっている旧西蒲原《にしかんばら》郡巻町は、市の中心部まで車で四〇分ほど、ベッドタウンの性格も持ち、人口も微増している。郡の中心地であったことから、高校など文教施設も充実している。しかし製造業の誘致に後れたことから、一九八〇年には東北電力の原発立地計画に同意を示す。それに対して、一九九〇年代半ばに、反対運動が力を増していく。古くから反対運動をつづけていた人々に、環境問題に取り組むグループや、地元経済の可能性を原発以外に見出す保守層も加わった。さまざまな人々が自分たちで自分たちの町の今後を決めるという「自己決定」を掲げ、住民投票を求める運動が広がっていく。

自主的な住民投票の実施、議会での住民投票実施派と反対派の拮抗《きっこう》、町長のリコール運動

から辞任を経て、一九九六年一月、住民投票を実行する会代表の笹口孝明《ささぐちたかあき》が町長に当選する。八月の実施に向け、双方が主張を伝えようと運動をつづけ、投票率は八八・二九%、原発計画への反対票が一万二四七八票、賛成が七九〇四票となった。これを受けて町長は建設予定地の町有地を売却しないことで建設を凍結することを決め、電源立地対策課を廃止する。一九九九年には議会選挙で原発推進派が過半を握ったこともあり、町長は町有地を反対運動のメンバーに売却する。町議らは裁判に訴え最高裁まで戦うが、二〇〇三年の上告不受理で敗訴が確定。東北電力は計画撤回を表明した。

徳島市における吉野川可動堰反対運動は一九九三年にはじまる。環境問題に取り組んでいた姫野雅義《ひめのまさよし》らが運動を立ち上げた。これに公共事業批判の流れが合流する。建設省の審議会が建設を決めたことへの反発から、一九九八年、住民投票条例の直接請求を行うも、議会で否決される。そこで一九九九年市議選に候補者を擁立したところ、条例制定派が過半を握った。これにより住民投票が実現する。

条例に投票率五〇%に満たなければ開票しないという条項があったことから、可動堰推進派は棄権を呼びかける運動を行った。逆に、「投票に行こう」というプラカードを掲げて道端に立つという動きが生まれる。投票率五五%、九割が反対であったことを受け、小池正勝《こいけまさかつ》市長も反対を表明した。

それ以降も市と県の首長選挙を通じて、反対運動と推進派の対立はつづく。二〇〇一年二月の市長選挙では反対を掲げる小池市長が三選を果たす。他方で、同じ年九月の知事選における推進派の現職圓藤寿穂《えんどうとしお》対反対派の大田正の戦いは、圓藤の辛勝に終わる。ところが翌年三月に圓藤が汚職で逮捕され、知事選で大田が勝利を収める。一年も経《た》たず、二〇〇三年三月、大田への不信任議決が可決された。大田は辞職し再出馬する。五月の出直し知事選では、飯泉嘉門《いいずみかもん》が大田を破る。さらに、二〇〇四年四月、徳島市長選でも、住民運動のリーダー姫野が市長選に出馬するが原秀樹《はらひでき》に敗れる。飯泉も原も中止を受け入れ可動堰が建設されることはなかったが、反対派が首長をとることはなくなっていく。

巻町は地域の行く末に関わる問題、徳島市はそうとはいえないが、公共事業批判などと結びつきつつ、「自分たちで決める」こと自体が争点となり「紛争の拡大」(Schattschneider, 1960) を図った結果、行われた住民投票である。

市町村合併や大規模な発電所建設など、自分たちの地域の行く末を決めるような問題について、住民が直接的に声を出したいという欲求を持つのは当然であろう。あらゆる問題について、四年に一度の選挙ですべてが決められるわけではない。

他方で、地方政府における意思決定の大多数は首長と議会の決定に拠らざるをえないのも事実である。どのような問題を住民投票にかけるのか、住民投票にかける際には、どのような形で情報の提供を行うのかなど、考えるべき点も多い。

それでも、徐々に実践例が増えていることも事実であり、経験の蓄積と学術的検討を重ねていくしかない。過剰な期待は禁物であるが、その意義を認めないのも教条的にすぎる。民主主義の実践の一つの形態として、住民投票の使い方は今後も試行錯誤がつづくであろう。

行政への住民参加へ

代議制民主主義では、民主制の本人である人々からはじまった委任の連鎖は、最終的に公共サービスの受け手として人々が位置することで終結し、その人々がつぎの委任を開始するという大きなフィードバック・ループが想定される。

しかし、人々は行政への参加によって、小さなフィードバック・ループを、もっと頻繁に用いている。人々は、政治参加を選挙以外の形で行うことがあるように、公共サービスに対しても受け手となるだけではなく、フィードバックを返すことや、自らが公共サービスの担い手となることも多い。

消費者としての不満を伝える際、政治ではなく、直接的なサービス提供主体である行政を選ぶのは不思議ではない。購入した食料品の不満はスーパーへ、車の不満は販売店へ伝えるのであり、生産農家や自動車メーカーに苦情や修理の依頼をしないのと同じである。

公共サービスを受けて間を置かず、行政に不満が返される。行政が動けば、事態の改善が実現する見込みもある。だから人々は「政治参加」ではなく、「行政への住民参加」を選ぶことも多い。公共サービスへの利害・関心や政策の専門知識を持つ人々が増えており、行政の場も参加の機会とすることには積極的な意義も見出される。

情報公開――住民参加とそれを支えるしくみ

地方政府は種々の方法で住民参加を促進している。情報公開制度は、行政への参加の基本的インフラとなる。アクセスを求めた人々に情報を開くことは、行政のことを知り、何らかの意見や批判を出すうえで出発点となる。ただし、請求しなければ情報は開示されない。実質的にはこれは、参加意欲のある人々しか使わない制度である。

日本の地方政府は、中央政府よりも早くから情報公開を進めてきた。一九八二年に山形県金山町《かねやままち》、神奈川県、つづいて埼玉県が情報公開条例を制定した。現在、すべての都道府県、ほぼすべての市区町村が情報公開のしくみを用意している。

地方政府における審議会や各種委員会は、住民参加の場であることが多い。市民委員として一定の人数を決定過程に参加させる。とりわけ総合計画などの策定時には、住民参加が取り入れられることが多い。参加形態にも、手を挙げた人に参加させる公募型以外に、無作為抽出した名簿に基づき参加を呼びかける形式が増えている。その人々の間で議論をさせ、熟議民主主義の考えを実践する動きも盛んになっている（寄本・小原編、2011、長野、2014）。審議会の公募制度やパブリック・コメント、市民意識調査は、市区では六割、町村では二割が実施している（柳、2010b）。

行政職員にも、積極的に住民参加を受け入れる動きが見られる。二〇〇〇年代前半の職員意識調査では、職員の規範として三タイプが見出された。第一が管理主義志向の政策執行規範、第二が脱官僚制志向の組織運営規範、第三が住民参加志向の公共参加規範である。第一と第二のタイプが法律・専門職業的責任感を有しているのに対し、第三のタイプは住民ニーズの把握・反映や参加の取り入れに対する「政治的責任」があると考える傾向が強い（金、2009）。

こうした行政職員の登場は、参加が持つ民主主義上の価値に加えて、NPMの流れから出てきた「エンパワーメント」の発想の影響がある。エンパワーメントとは、人々が公的問題の解決にも力を発揮できるようにするのが、公共部門の役割であるという考え方だからだ。

他方で、行政がすべての公共問題を抱えることは、もはや持続できないという認識も下支えしている。行政の資源不足に加え、専門知識や情報にせよ、人々の要求や好みを理解することにせよ、これまで通りに行政機構が担うことは難しい。行政だけではすべてを担えないのは、政策実施だけではなく、政策形成でもあてはまる。ここでは、人々からの非難を回避したいという傾向と、参加志向が結びつく。

一九四〇年代以来の大きな政府の誕生は、政治行政融合論を生み、行政機構が決定に関わることをもたらした。

一九九〇年代以降のNPMの流れは、行政機構の不足を指摘し、主に実施面における民間部門の導入を進めた。さらに、決定面にも行政機構の不足は及ぶ。住民参加は、民主主義の観点から望ましいことと見えるかもしれない。しかしそれは、行政自身による判断を行わずに非難を回避することの現れともいえる。

5　民間の参入——地方政府のプラットフォーム化

行政による実施の時代の終わり

一九九〇年代までの公共サービスでは、いわばその総合利用料を、政府が強制的に税として徴収し、生産までのすべてを政府が担ってきた。さらに、料金制度が可能な場合、つまりサービス利用料が利用者ごとに把握できる場合でも、政府が提供者となることはある。施設整備の費用が大きく、サービスが生活に不可欠な、水や電気、ガスといったライフラインの提供である。

世界的に見れば、一九九〇年代まで、これらの公共サービスや公益事業は、行政がほぼ一手に担っていた。それが二〇〇〇年代以降、民間企業やNPOが担うほか、後述するPFI(Private Finance Initiative)をはじめとする種々の官民協働方式が登場して大きく様変わりした。

日本の地方政府は、住民や民間企業がサービス提供を担う割合が、中央政府に比べても、他国に比べてももともと高かった。たとえば、住民がゴミを分別して回収に出すことは、廃棄物処理の一部である。自治会を通じた広報誌の配布も、地縁組織が行政の広報業務の一部を担うということである。

ゴミ収集や学校給食などを筆頭に、民間委託も多く用いられてきた。ゴミ収集は九割、屎《し》尿《にょう》収集、ホームヘルパー、ゴミ処理施設管理などは七割、学校給食、養護老人ホーム管理、体育館管理などは三割の市町村で外部委託されている（柳、2010a）。さらに、一九七〇年代以降、公共交通や再開発ビルなど多くの資金を必要とする事業を、官民共同出資の事業体、いわゆる第三セクターにより実施することが増えた。

日本の地方政府は、公務員数に比して多くの業務を抱えているため、民間への委託や第三セクターが早くから発達した。公益事業についても、電気とガスは民間事業者によって提供されてきた。

それでも、民間部門を通じた公共サービスの提供という世界的潮流は、一九九〇年代以降、日本にも影響を与える。それは二つの点にまとめられる。第一に、NPOや市民社会組織（CSO: Civil Society Organization）のように公共サービスの供給を専門的に担う民間部門の登場。第二に、官民の二分論からすると民間に開放できなかった領域への、民間委託の進展である。

NPOの意義と限界

NPOとは、Non Profit Organization、つまり民間非営利組織の頭文字をとったものである。これは、政府部門ではないが、公的問題の解決に取り組む主体ともいえるし、民間部門だが、企業のような利潤追求を目的としない主体ともいえる。NPOのほかに、ボランティア団体など公共問題に取り組む組織を広く市民社会組織ということもある。ここでいう公共問題とは、人々が共通して抱える課題のことである。

NPOが画期的なのは、何が公共問題かを含めて、政府以外が判断していくところだ。それまでは、政府が公共問題とは何かを定め、その解決に必要なリソースを税として人々に求めてきた。そのうえで、実施だけを民間に委ねる民間委託は、これまでも行われてきた。しかし、NPOは自分たちで解決すべき問題を設定し、必要な資金も自ら寄付などを募ることで集める。これは、公私の区分と政府・民間部門の区分を一対一で対応させ、公的な問題はすべて政府部門の手に委ねる考え方からの転換を意味する。

別の言い方をすれば、NPOが公共問題の設定に乗り出すことは、これまで政治や行政が独占してきた領域に、競争相手が登場することでもある。民間委託では、実施部門が競争にさらされるだけであったが、NPOが独自に公共問題を見出し、寄付などを集め、問題の解消を行っていくことで、企画立案部門も競争にさらされる。

NPOが民間委託の受け皿となり、行政の実施部門の肩代わりを進めるか、それとも行政から自立して資金調達を行い、行政の企画立案部門の競争者となるかは、行政、NPO、人々の選択次第である。行政がNPOにどのような役割を与えるか、NPOがいかなる戦略をとるか、人々は寄付金などを通じてＮＰＯによる公共問題解決をどこまで支援するか、これらの組み合わせで、ＮＰＯの位置づけは決まる。

日本の実際を見ると、一九九五年の阪神淡路大震災を契機に、ＮＰＯやボランティアへの注目が集まり、一九九八年にいわゆるＮＰＯ法が制定された。その後、ＮＰＯの数は順調に伸びたが、その多くは、行政の政策実施を肩代わりする側面が強かった。寄付税制の整備が進まないこともあり、ＮＰＯが財政上の基盤を確立することは難しく、また、地方政府は財政難から業務の安価なアウトソーシング先をさがしていた。

この結果、ボランティアやＮＰＯに参加する人は増えているが、人々は、それが政策や社会のあり方を変えるとは認識していない。社会貢献や自身の経験として重視するにとどまる（三船、2008）。

しかし、地方政府のなかにはＮＰＯに積極的意義を見出すところもある。市民会議などで制度を用意し、実際にＮＰＯなどの参加を促進しているところも多い。政策過程でＮＰＯは一定の影響力を持つと、行政職員は認識している。職員への意識調査データでは、七段階で政治アクターの影響力を評価すると、首長が六点台、国や都道府県が四点台、都道府県会議員や国会議員が二点台であるのに対し、ＮＰＯや市民団体は三点台となった（山本、2010）。

ＮＰＯが政策提案よりはサービス供給の役割を担うという認識を六割の職員が示す。サービスの公平性、供給の継続性への疑念も根強い。しかし同時に、ＮＰＯが先駆的な活動、ニーズへの柔軟な対応を見せるという意見にも六割の職員は賛成する。NPOに実際に接触する職員ほど、参加や地方分権を志向する傾向が見られる（久保、2010）。

京都市の事務事業評価を用いた実証研究では、NPOが参画する事業は全体の一三・八％に及ぶ。そうした事業は市民満足度が高い。全国自治体へのアンケート調査の結果は、NPOとの協働事業は職員満足度も高く、情報公開の程度や政策過程の透明度を上げることを示す。協働事業の経験のある職員への面接調査は、協働への不安や戸惑いとともに、NPOとの協働が行政自体のあり方を開放的なものとするなどの効果を明らかにする（小田切、2014）。

総じて、諸手を挙げての歓迎でもなく、排除するわけでもなく、行政職員はNPOや市民社会組織に向き合っている。

「行政市場」の誕生——PFIと指定管理者制度

NPOが公共問題に関わる新たな主体の誕生とするならば、PFIや指定管理者制度は、民間企業などが関わる点では変化はないが、その関わり方に違いがある。これらは、社会からリソースを調達し、公共政策を提供していくプロセスのなかで、民間部門には閉じてきた部分を開放する試みである。公共サービスを生み出すための総合料金としての税を、政府が強制的に徴収するモデルからの離脱でもある。

PFIは公共施設の建設に、指定管理者制度は公共施設の運営に、民間部門を参入可能にするものである。これらが、民間への発注や民間への委託と違うのは、政府部門による決定を大きく減らして、公共施設の建設と運営ができるところにある。

これまでの公共事業では、どのようなものを、どれだけの金額をかけて建設するか、政府の手で決定したうえで、建設作業に民間事業者を関わらせていた。施設の運営も、どのように運営し、利用者負担をいくらにするか、政府部門が決めたうえで、運営業務の一部を民間事業者に委ねていた。しかし、ＰＦＩでは資金調達や施設の計画、指定管理者制度では利用者負担額も民間部門が決める。

日本では、一九九九年九月にＰＦＩ法が施行され、二〇〇三年九月施行の地方自治法改正により指定管理者制度が導入された。前者が新たな施設の建設に、後者が既存の施設の運営に用いられる。さらに、二〇一一年のＰＦＩ法改正で、運営権も含めたＰＦＩが可能になった。コンセッション方式と呼ばれる。ここでは施設の建設から運営までが、民間部門の手で行われる。

内閣府の資料では（内閣府民間資金等活用事業推進室『ＰＦＩの現状について』二〇一七年六月）、二〇一六年度までで累計六〇九件、五兆五〇〇〇億円のＰＦＩ事業が行われた。二〇一六年度の新規は五六件、三一〇〇億円程度となる。累計六〇九件のうち、地方政府によるものは四九〇件、うち文教施設・文化施設が一六〇件、道路・公園・下水道などが一一六件、医療施設・廃棄物処理施設などが九七件となっている。

指定管理者制度は、二〇一五年四月現在で、七万六七八八施設に導入された。うち都道府県が七〇〇〇施設弱、残る約七万施設は市町村のものである。民間企業やNPOなどの民間部門が指定管理者なのが約四割、二万九〇〇〇施設である。

ただし、都道府県別では、公の施設の一〇〇%を指定管理者に委ねる神奈川県から、一五%程度の埼玉、長野、島根、大分まで違いは大きい。利用料金制は五一・五%の施設で導入され、企画業務まで委ねるものが五七・八%となっている（総務省自治行政局行政経営支援室『公の施設の指定管理者制度の導入状況等に関する調査結果』二〇一六年三月）。

佐賀県武雄《たけお》市に登場したいわゆる「ツタヤ図書館」も、指定管理者制度によるものである。二〇一三年四月の武雄市にはじまり、その後神奈川県海老名《えびな》市、宮城県多賀城《たがじょう》市、岡山県高梁《たかはし》市、山口県周南《しゅうなん》市、宮崎県延岡《のべおか》市に導入され、和歌山市にも導入予定である。他方で、愛知県小牧《こまき》市での計画は住民投票の結果を受け、撤回された。書店やカフェを併設することにとどまらず、新たな書籍の購入や独自の配列基準に基づく書架への配列、ポイントカードを貸し出しカードとすることなどは、指定管理者の制度によって可能となった。

PFIや指定管理者制度を地方政府が多く用いるのは、財政と職員の不足が要因である。これにより新たな市場が生まれることを歓迎する民間事業者も背景にある。たとえば、二〇一八年に開館した周南市の「ツタヤ図書館」に支払われる指定管理費は年間約一億五〇〇〇万円である。PFIと指定管理者制度が生み出した「行政市場」は、現在の日本には珍しい成長市場である。行政と事業者、双方が求めるのだから、PFIや指定管理者制度が拡大するのも当然である。

「ツタヤ図書館」の選書の杜撰《ずさん》さなど、目につく問題点を指摘することは容易だ。しかし、これは地方政府のリソースを削ってきたことの帰結である。また、選書を問題視することは、図書館に何を求め、どのような本がどのように並べられるのかを問うことでもある。多様な意見をいかに集約し、実現するのか。直営の図書館と、指定管理者を定期的に選び直すことのどちらが、人々の考えを実現するうえで実効的なのか。

公共サービスの実質は、企画や運営の細部にこそ存在する。「行政市場」の拡大は、人々が公共サービスに何を求めるのかを問い直す機会となる。政策実施の見直しは、人々が決定する局面を拡大することでもある。

プラットフォームとしての地方政府

地方政府は、自ら政策を実施する局面から後退し、公共問題の解決策の提示も人々へ投げ返すことが増えている。公共問題の解決策の策定と政策実施の立場から行政が退くならば、行政の存在意義はどこにあるのか。

それは、何が公共問題かという問題設定を行い、その解決に向けて民間部門の協力を引き出すことである。問題設定のうえに解決の道筋を与えるのは、政治家と民間部門だけでは難しく、行政の役割となる。ここに示されるのは、プラットフォームとしての行政という考え方である。元サンフランシスコ市長のギャビン・ニューサムはその代表例である。ＩＣＴを用いて補修が必要な道路箇所など公共施設についての情報を市民から集約するしくみはよく知られている。「ハッカソン」や「アイデアソン」と呼ばれる解決策のコンテストもここから生まれた（Newsom and Dickey, 2013）。

日本でも、ビッグデータの分析から公共問題の解決策を見出す試みが増えている。地方創生政策でも、地方創生版「三本の矢」の一つとして、地域経済分析システム（ＲＥＳＡＳ）が位置づけられている。これは、経済、人口、産業の他、観光や医療などさまざまな官民ビッグデータを可視化する。ＡＰＩ（共有可能なプログラム）が公開されており、これを用いたアプリの開発などが可能となっている。

他方で、地方政府を外部から統制する手段や主体は、これまでのような選挙を通じた責任追及や行政に対する倫理規範の要求以外に多元化してきている。たとえば、ＰＦＩはその例である。ＰＦＩは使い方次第で、新たな統制につながる。

それは金融を通じた統制である。施設運営権を含めたＰＦＩ事業では、事業者が利用料やテナント賃料などの収入で建設コストを回収する。そのため収入の予測を厳密に行い、建設費用の削減に努める。銀行も事業そのものの収益性を判断する必要がある。個々の事業ごとにリスク要因などを分析したうえで、事業に対して規律づけを行う役割を金融機関が担う。

これは、プロジェクト・ファイナンスと呼ばれる。岩手県紫波町《しわちょう》におけるオガール・プラザと呼ばれる図書館などの整備はこの一例である（猪谷、2016）。

他方で、ＰＦＩ施設が利用料を取らず、地方政府が施設使用料を支払う形は、地方債の発行が難しくなった地方政府が迂回路《うかいろ》として利用するケースも多い。民間事業者が銀行から融資を受けて建設を行い、地方政府からの使用料で回収する。地方政府の支払いが滞るとは考えないので、銀行の審査は甘い。事業者、銀行、地方政府のいずれもが事業コストや効果を精査しないことになりかねない。かつての第三セクター同様、統制の欠落が生じかねない。

プラットフォーム化する行政と金融を通じた統制は、地方政府の新しい姿を示す。選挙を通じた統制と公共サービスの消費者という組み合わせが、二〇世紀の地方政府の特徴であった。政府部門と民間部門を分離し、両者の分業を明確化した。しかし現在では、政府部門の行動の規律づけでも、公共サービスの生産でも、民間部門が深く関与する。住民以外に、金融機関といった企業や、ＩＣＴ技術に長《た》けた専門家が、ここでは関わる。

ガバナンスとは、政府部門と民間部門の境界線が入り組んだ形で、公共問題を解決していくしくみである。現在の地方政府はそのなかの一つであるが、要となる一つである。どのようなガバナンスをつくり出すかは、地方政府次第である。

*

この章では、行政組織と住民の姿を、特に二〇〇〇年代以降の変化に重点を置いて、描いてきた。法で定められた手続きを粛々と執行する側面が消えたわけではないが、人手不足のなか、民間部門との融合が進み、日本の地方政府は大きく様変わりしつつある。経済の停滞と新自由主義の潮流は地方政府にも大きな刻印を刻んでいる。

地方政府がこの二〇年で大きく変わったことを、第1章と第2章では明らかにしてきた。その変化の構造的要因は、地方政府の外部の環境の変化にある。第3章では、地方政府とその外との関係に目を転じよう。

第3章　地域社会と経済――流動的な住民の共通利益

1　地方政府の誕生――江戸時代との断絶

住民とは何か

この章では、地方政府の基盤となる地域社会・経済について考える。出発点として、地域社会をつくり出す住民から考える。政治・行政との関係のなかで住民が果たす役割については、第2章ですでに述べたが、そこでは住民とは何かを横に置いて議論を進めた。ここであらためて住民とは何かから考えたい。

住民とは、地方政府の区域に住む人々のことである。住民には二つの特徴がある。一つには、住民の間には何らかの共通する利害がある。共通の利益があるからこそ、それを実現するために地方政府が必要となる。もう一つには、住民は流動的である。引っ越しをすれば別の町の住民になる。進学、就職、結婚を機に住むところを変えることは多い。そのたびに、どこの住民になるかも変わる。

二つの特徴は、相互にぶつかる。住民の入れ替わりが大きいと、道路や水道、学校や医療・福祉を住民に提供することは難しくなる。児童の急増を前に小学校が必要になったかと思えば、しばらくすれば余剰が生まれ、今度は介護サービスのニーズが高まるなど、住民構成の変化に翻弄《ほんろう》され、対応を迫られ続けることになる。

しかし、二つの特徴はセットであり、切り離せない。移動可能な人々が、同じところに住むことから共通の利益が生まれる。そもそも、居住や移動の自由がない社会には、経済活動や思想の自由もない。人々に自由を与えない身分制社会では、住民と地方政府は生まれない。

つまり、住民と地方政府は近代の産物である。市民革命や産業革命と並んで、住民と地方政府が生み出されたのも、近代の一つの特徴なのである。

地方政府は、近代の国民国家と表裏をなす形で生まれた。国民国家とは、民族や言語などの同一性を基礎とする国家である。地方政府と中央政府は、一つの対になって、国民国家をつくり出している。国民国家内部の地方政府の間には「壁」はない。国民国家が、国土と国民を確定し、他国との間で人・モノ・カネ・情報の移動を管理するのに対して、国民国家内部ではそれらの移動の自由が認められる。逆にいえば、地方政府は他の地方政府との間で、人・モノ・カネ・情報の移動を管理できない。

明治維新と地方政府の誕生

では、日本の地方政府はどのように成立してきたのか。地方政府の成立には、地域に住む人々の間に共通する利益が存在し、それを実現しようとする動きが必要である。その前提条件となるのが、身分制の解体と、移動の自由である。

身分制がつづく限り、人々は変わることのない身分という檻《おり》に入れられる。そこでは、自分たちの利益とは何なのか、それが地域に住むほかの人々の利益とどのような関係にあるのかを問うこともない。身分制が解体してはじめて、地域の共通利益が求められるようになる。

また、身分制は移動の自由を認めないことと密接につながっている。

日本に地方政府を生み出す前提条件は、明治維新によって成立した。江戸時代の身分制と移動の制限を解体させたからである。明治維新の中心になった下級武士たちは、武士としての出世も、経済的成功も望みがたい閉塞《へいそく》感に満ちた存在だった。だから、立身出世を可能にすることが、一つの目標になった（渡辺、2010）。また、江戸時代には市場経済化が次第に進み、村は経済の単位としては成り立たなくなっていた。経済のさらなる発展を目指すには、経済・社会の側面における地域の壁を崩さねばならなかった（三谷、2017）。

江戸時代の町や村からの転換

このような理解は、過去の通説（辻、1976）とは異なるだろう。通説は、江戸時代の自治の伝統の存在と明治国家による抑圧という対比を基本構図としてきた。それは、明治以来の近代国家建設の歩みを否定的に捉える。一方では、欧米に比して日本の近代化の不十分さを嘆き、他方で、明治以降との対比で、それ以前の江戸時代のあり方を相対的に高く評価する。

具体的には、江戸時代の村落には共通利益が存在し、それを実現するための自治があったとされる。農業を営むうえで必要となる灌漑《かんがい》設備、肥料や薪《まき》といった燃料を生み出す山という共通利益の管理主体として村は位置づけられる。それゆえ、明治時代に入り、地方行政機構の下に置かれることで、村は変質した。もともとの自然村の性格に行政村の性格を加えられ、二重の性格を与えられた。町村合併により、強制的に境界線も引き直された。

しかし、このような自然村における江戸時代からの連続性と行政村における断絶性を強調する見方は、歴史学では見直されている（松沢、2009、2013）。

まず、江戸時代の村落は末端の行政機構でもあった。村請《むらうけ》制の導入により、年貢を納める単位が村となった。

つぎに、地理的に近く住む人々が利益を共通にするとは限らなかった。江戸時代は身分制が中心にある。商人と武士が一つの城下に住んでいるからといって、そこに共通利益が存在するわけではない。商人の集団に対する末端統治機構として町が存在し、同様に、農民の集団に対する末端統治機構として村が存在していた。支配者が誰であるかによって、隣接する地域であっても、異なる村となることも多かった（小野寺、1991）。

身分制に基づく支配のもと、江戸時代の村や町は存在していた。地域共通の利益は、限定的なものにすぎない。本当の意味で地域共通の利益が問われるようになるのは、明治以降だったのである。

2　急速な近代化と住民の移動

都市郊外の誕生と都市への人口流入

明治国家が身分制を廃止し、移動の自由を認めたことで、地方政府が成立する前提条件は満たされた。だが、実際に頻繁に人々の移動が行われるのは、大正時代以降である。鉄道を通じた郊外の住宅から都市への通勤が登場する（原、1998）。

一九二三年の関東大震災により、東京では山の手の郊外への人口移動が起き、大阪への移動も見られた。日常的な移動に加えて、地域間の人口移動も増えていく。都市部の工業化が本格化し、農村から季節的に、さらには恒常的に多くの人々が流入する。この動きは、第二次世界大戦後に本格化し、都市への人口流入を大規模な郊外開発が支えていく。

3－1は、同一都道府県内での移動、都道府県を越えての移動が毎年どれだけあったかを示したものである。都道府県を越えての移動と都道府県内での移動はほぼ同じ程度ある。一九六〇年代と七〇年代には毎年増加をつづけ、ピーク時には八〇〇万を超えた。オイル

3-1　移動者数の変化

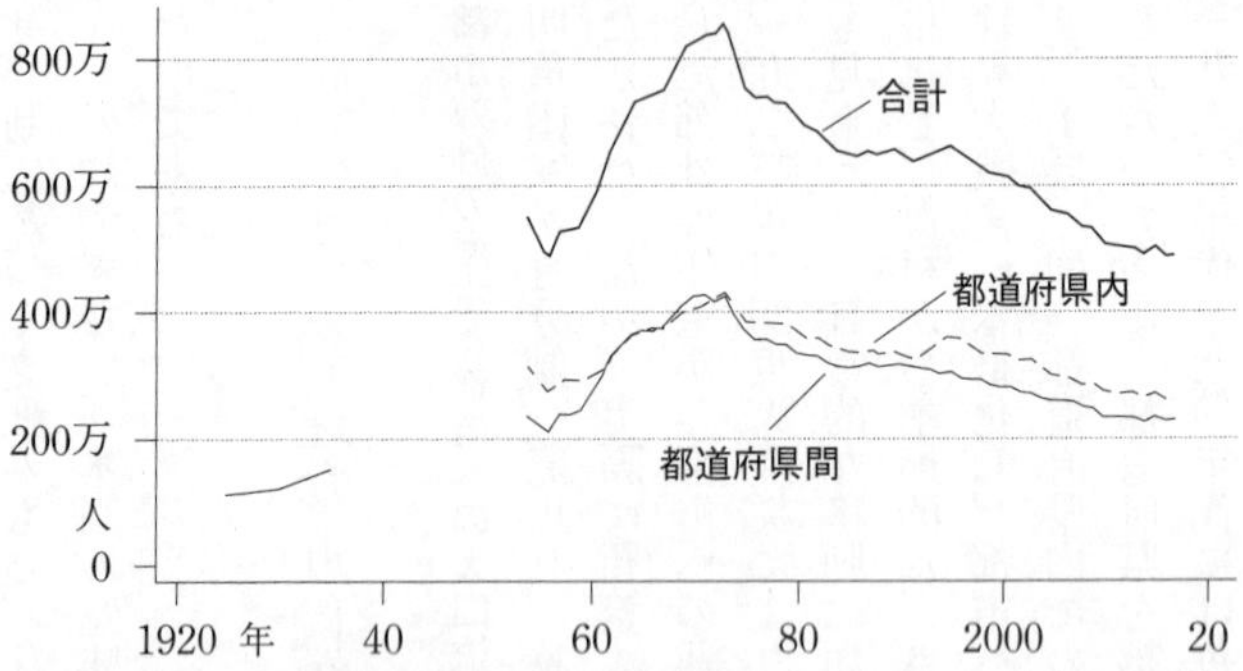

註記：1935年までは道府県の5年ごとの社会増減のうち増加分をすべて合計した値. 1954年以降は各年の移動者数
出典：1935年までは総務省統計局『日本の長期統計系列』, 1954年以降は『住民基本台帳人口移動報告 長期時系列表』より筆者作成

ショックの頃を転機に、移動者は減少していく。一九九〇年代に都道府県内での移動が再び上昇を見せたことを除き、減少はつづいている。それでも二〇一八年現在でも、毎年五〇〇万人ほどの移動がある。単純にいえば、平均して二五年に一度程度は誰もが移動する計算になる。

現代の人々の移動

現在の都市型社会では、居住地と通勤・通学先が異なることは一般的である。それは昼間人口と夜間人口のズレという形になって現れる。昼間人口が多い街は、産業や教育機関が集積し、周辺から多くの通勤・通学者を集めている街である。逆に夜間人口が多い街は、いわゆるベッドタウンである。

現在の日本の都市の状態を見てみよう。3-2は、二〇一五年の国勢調査結果に基づいて、人口四五万人以上の市について、夜間人口を横軸、昼夜間人口比を縦軸にとったものである。昼間人口はその地に通勤・通学している人数を加え、夜間人口のうち他の都市に通勤・通学している人数を引いたものである。観光や商談でそこを訪れる人は数えられていないので、実態のすべてを把握できるわけではないが、およその傾向を捉えるには十分である。

3－2に基づくと、都市は大きく四つの類型に分けられる。

第一は東京と大阪である。昼夜間人口比が一・三前後であり、つまり昼間人口は三〇％程度多い。周辺地域から多くの通勤・通学者を集める経済中枢である。ただし絶対規模では、東京は大阪の三倍であり、その違いは大きい。

第二は、昼夜間人口比が一・〇五を超えるもので、名古屋と福岡を筆頭に、京都、仙台、金沢があてはまる。京都を除いて広域経済圏の中心都市である。

第三は、札幌、神戸、広島、千葉など昼夜間人口比が一前後の都市である。札幌や広島のように、都市自体が産業集積を備え、住民の雇用を吸収している完結型の場合と、神戸や千葉のように、周辺部から多くの通学・通勤者を集めつつ、大阪や東京への通勤・通学者も多く存在している場合の双方がここには含まれる。

第四は、昼夜間人口比が〇・九五を下回る都市である。横浜を筆頭に、さいたま、川崎、相模原、船橋《ふなばし》、堺、西宮である。いずれも東京、大阪周辺のベッドタウンの性格が強く、日本の市町村には、こうした性格を持つものが多い。

3-2　夜間人口と昼夜間人口比

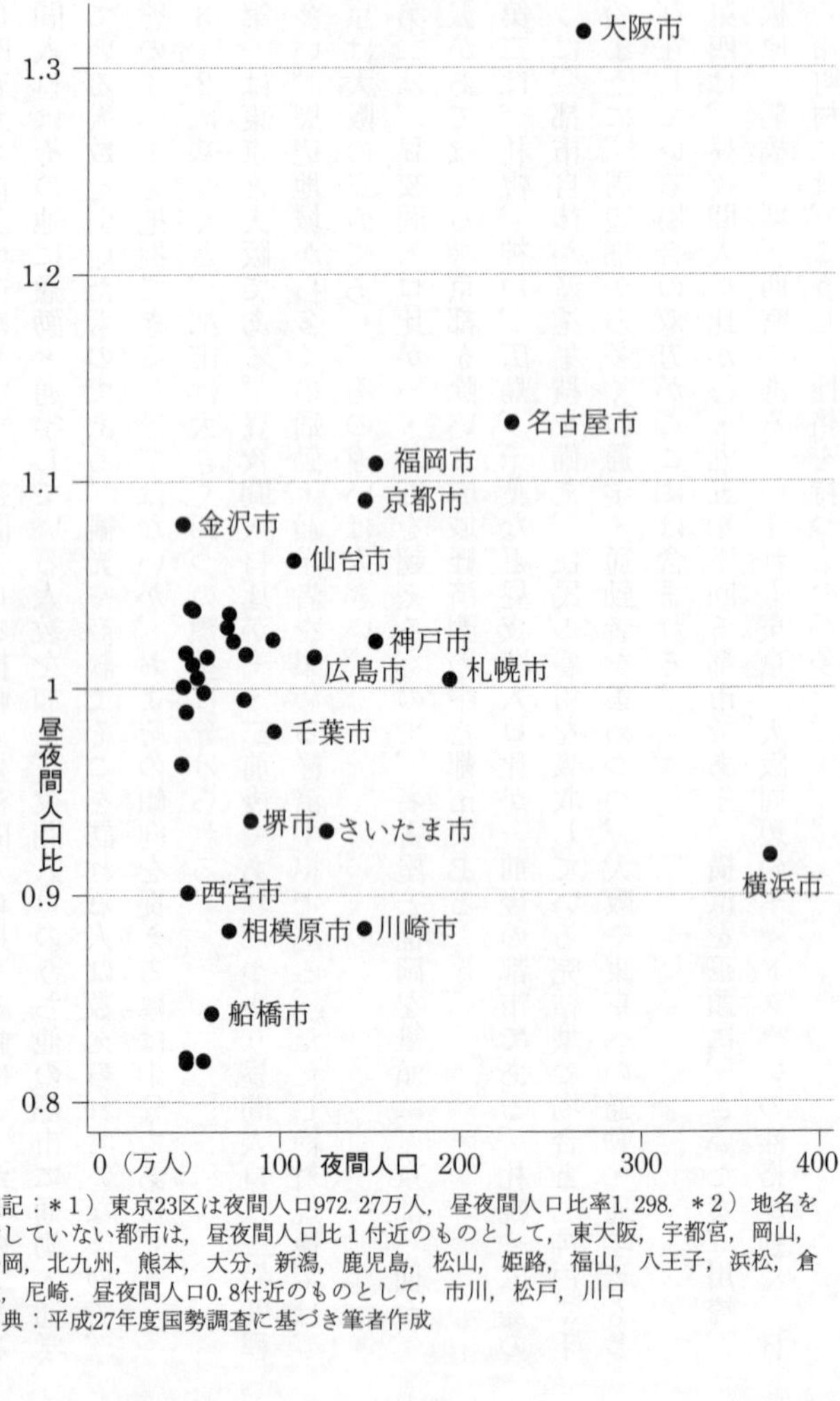

註記：＊1）東京23区は夜間人口972.27万人，昼夜間人口比率1.298.　＊2）地名を付していない都市は，昼夜間人口比1付近のものとして，東大阪，宇都宮，岡山，静岡，北九州，熊本，大分，新潟，鹿児島，松山，姫路，福山，八王子，浜松，倉敷，尼崎．昼夜間人口0.8付近のものとして，市川，松戸，川口
出典：平成27年度国勢調査に基づき筆者作成

3-3　昼夜間人口比の分布

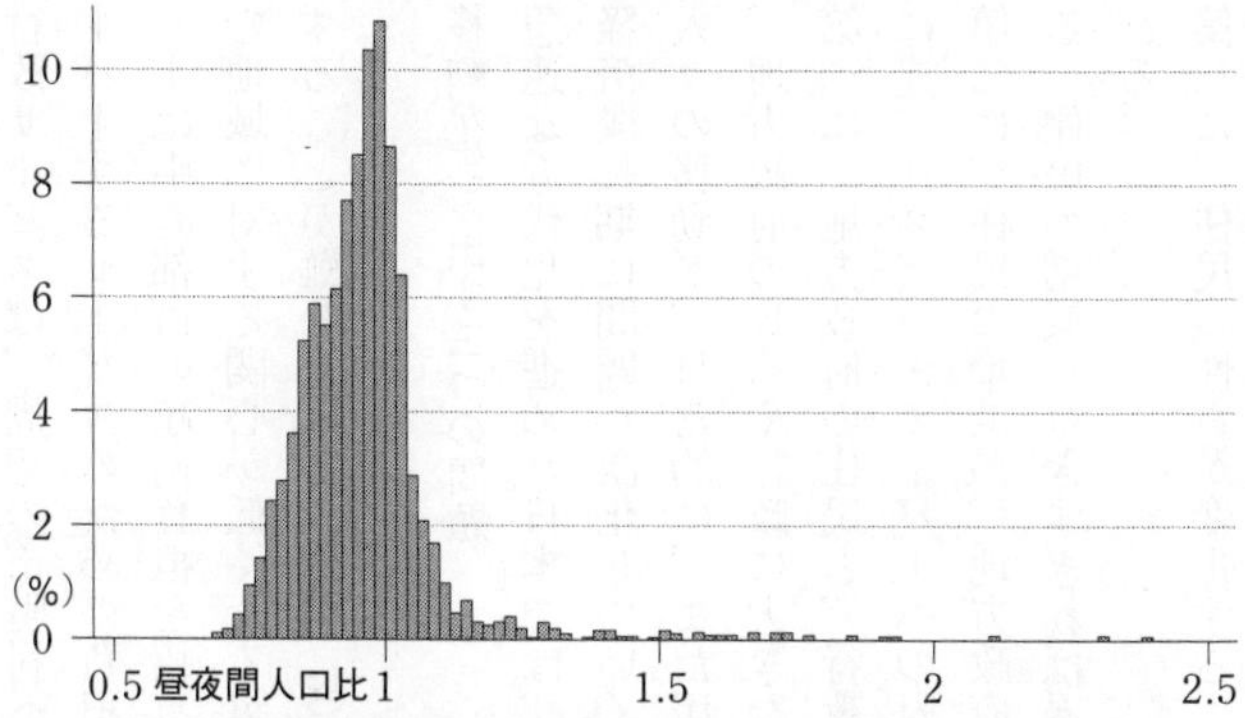

註記：＊1）ヒストグラムの幅は0.02．そこに該当する市町村の数が全体に占める割合を縦軸に示している．＊2）昼夜間人口比が2.5を超える市区町村は図から省略した．該当するのは，東京都千代田区，港区，大阪市中央区，北区，名古屋市中区，愛知県飛島村，福島県飯舘村，葛尾村，楢葉町である

出典：平成27年度国勢調査に基づき筆者作成

3-3は、すべての市区町村の昼夜間人口比について、その頻度を示したものである。一番高い峰は一であるが、それよりも低い値の方に、多くの市町村が位置していることがわかる。日本全体として見ると、限られた数の集積地が存在し、そこへの通勤・通学者が多く居住する市が周辺に多く存在している。

昼夜間人口のズレは、つぎのような問題を引き起こす。昼間人口が大きな中心都市は、住民以外の通勤・通学者への行政サービスを提供するが、その原資を獲得することが難しい。昼間人口の増大は、企業や高等教育機関が存在するためだが、これらへの課税権が十分になければ、昼間人口に提供する行政サービスを賄うことができない。別の言い方をすれば、中心都市が提供する行政サービスは、周辺の市町村へも拡散する。これをスピル・オーバーという。スピル・オーバーするサービスのための負担を周辺市町村に求めることができなければ、スピル・オーバーは中心都市の超過負担を招く。逆に、夜間人口の方が多いベッドタウンでは、自己の住む地域に対する関心が低くなる可能性が高い。このため、地域の政治や行政への参加を期待することが難しくなる（森脇、2013）。

移動が生み出す三つの問題

急速な近代化を進めた日本では、住民の流動性の問題は大きなものとなった。とりわけ高度経済成長期に問題が激化していく。

人々の移動が、日常的に、また居住地としても、地方政府の境界線を越えて行われることは、地方政府の政治や行政に大きな変化を迫る。

第一に、地方政府の住民と、行政サービスの受け手が一致しなくなることへの対応である。先に述べたスピル・オーバーへの対応である。

第二に、住民の増減が、地方政府の大きな関心事となり、それへの政策や働きかけが行われる。住民の増減が行きすぎれば過密や過疎と捉えられ、それを抑制しようとする政策がとられる。

第三に、住民の性質が変化することへの対応である。都市化に伴い、人々の生活は変容し、意識も変化する。逆に人口が減少する地域では、それまで維持されてきたさまざまな活動の担い手がいなくなる。人口の増減は量的な問題だけではないのである。

これら三つの問題を分けながら、戦後の日本の地方政府がどのようにこれらの問題に取り組んでいったのかを眺めていこう。

3　大都市問題の顕在化——制度不在による混迷

求められる負担と便益の調整

交通網によって結びつけられた郊外住民に中心都市が提供する、言い換えるとスピル・オーバーしている便益とは、通勤・通学者が直接享受している行政サービスだけではない。中心都市における公設の博物館、美術館やスタジアムをはじめとするスポーツ施設、高度医療を提供する市営病院も郊外住民が利用できる行政サービスである。

さらに間接的なものとして、大都市がもたらす知識や技術の進展の成果も、郊外住民や広く国民一般にスピル・オーバーする便益である。大都市での人々や企業の活動は、都市政府の行政サービスによって支えられているからである。

負担と便益のズレは、行政サービスの供給を過剰、あるいは過小にする。便益があるので負担を背負ってよいと住民が考える水準を最適な行政サービス水準とすると、そこから乖離《かいり》する。広く薄い負担や便益は人々の意識にのぼりにくい。逆に、狭く大きな負担や便益には、人々は鋭敏である。したがって、スピル・オーバーする大都市の行政サービスを、大都市郊外の住民は意識せず、大都市の住民は問題視しがちである。

この問題の解消には、三つの方法がある。

第一は、市町村合併や市町村間連携により、大都市の行政区域を拡大する方法である。スピル・オーバーしている郊外地域を取り込んでしまうことにより、負担と便益を一致させる。

第二は、大都市と郊外の負担の調整、具体的には財源の再分配である。中心都市への補助や、企業課税の税源を大都市に与えるものである。負担を負わない周辺住民の多くは中心都市の企業への通勤者であり、企業への課税を通じ、負担と便益を一致させる。

第三は、広域政府が公共サービス供給の任にあたることである。都道府県、広域連合や州、さらには中央政府が供給を担う。東京や大阪の場合、通勤・通学者の範囲は都道府県の境界線を越えている。とりわけ東京の場合、集積の間接的な便益の範囲は全国に及ぶ。国のサポートの理由になる。

東京都以外の大都市制度の不在

こうした問題が一番顕著に出るのは大都市である。そのため、大都市に対してはズレを解消するための大都市特有の制度、大都市制度が用意されることが多い。

大都市制度とは、先述した三つの方法を組み合わせることにより、大都市圏域における中心都市と周辺の負担と便益のズレに対処する試みである。

イギリスのマンチェスター、マージーサイド（中心都市はリバプール）など六大都市圏における大都市バラ（metropolitan borough）、ドイツのベルリン、ハンブルク、ブレーメンといった都市州、韓国のソウル特別市や釜山《プサン》などの広域市のように、大都市に広域地方政府の性格を併せ持たせる国は多い。

他方でフランスでは、県の位置づけを与えられるのは首都パリだけであり、マルセイユやリヨンなどの大都市には区が設置されるものの、郊外との調整は行われない。スピル・オーバーへの対処は、多様な地方政府間連携のしくみによって対処されている。

では、日本には大都市制度は存在するのか。東京都のしくみがそれに該当する。だが、それ以外はほぼ不在といってよい。

東京都の二三区部分については、広域政府による行政サービスの提供や二三区全体を通じた財政調整制度が存在する。他国にも見られる先の第二、第三の方法の組み合わせである。東京市だった一九三二年に周辺五郡を合併し、面積を三倍ほどに増やしているという意味では、第一の方法も用いられている。ただし、二三区以外の武蔵野《むさしの》市や八王子《はちおうじ》市など多摩《たま》地域では、都の役割は通例の道府県と変わらない。

大都市制度には、指定都市（政令指定都市）があるのではないかという疑問もあるだろう。

だが、大都市における負担と便益のズレを解消するしくみとしては不十分なものである。指定都市になるといくつかの権限が道府県から移譲され、また、道府県の監督を受けずにすむようになる（北村、2013）。しかし、税源の移譲などは行われない。むしろ道府県に対する自律性が強まることで、二重行政はかえって悪化する可能性もある。さらに、後述するが、市町村合併についても、その目標は小規模自治体の解消であり続けたため、大都市周辺では合併は限定的であった（第4章参照）。

一九九〇年代以降に顕在化した大都市問題

戦後の日本は、総じて大都市問題への対応をおざなりにしてきた。経済発展のなかで取り残されがちな農村の方に目が向けられたこともあり、制度によって対応するのではなく、現場の地方政府の対応に委ねられた。

大量に人口が流入した郊外では、学校や公共施設の整備が追いつかなくなる。秩序なく広がる乱開発の抑制のため、一九六五年に川崎市、六七年に兵庫県川西《かわにし》市が開発指導要綱を制定したのを皮切りに、同様の試みが続いていく。

高度経済成長期に公共サービスへの需要が増大していくなか、大都市は毎年のように税源移譲を国に要求したが、実現しなかった。歳出削減しつつ、地方交付税の自然増に頼ることになる。経済が成長している限りは、それでも何とかなった（東京市政調査会編、2006）。

しかし、一九九〇年代以降、大都市問題は顕在化する。国内では経済成長の時代が去り、国際的には都市間競争が国境を越えて強まった。国境を越えた資本と人の移動が激しくなるなか、日本の都市は製造業の海外移転に直面する。情報通信技術の進展は、本社機能の集中を可能とし、いわゆる支店経済の規模は縮小していく。

大阪はその最たる例である（砂原、2012）。製造業中心に戦前から都市化が進んでいたが、産業構造の転換で曲がり角に立たされる。東京への本社機能の流出、香港《ホンコン》、シンガポール、上海《シャンハイ》などアジア各国の大都市の発展を前に、競争力の低下が顕著となる。

大阪では一九五五年の第三次市域拡張を最後に、市域は固定化された。このため、東京と並ぶ昼夜間人口比が示すように、スピル・オーバーが最も激しい都市でありながら、都制度をもたず、負担と便益のズレが拡大していった。これへの対応は長年の課題だった。橋下徹や大阪維新の会による大阪都構想が扱おうとした問題は、いきなり現れたわけではない。

大都市問題への対応が不十分であったのは、国政で長期にわたり政権を握っていた自民党の支持基盤が農村部に偏っていたからだ。選挙区の区割りと定数配分により、農村から過剰に議員が選出されていた。大臣ポストなどの役職配分が当選回数に基づいており、選挙に強い農村部出身の議員が、幹部に多い傾向もあった（菅原、2004）。結果として、自民党政権は大都市問題に正面から取り組まなかった。

このことが、一九六〇年代半ば以降、主に都市部を中心に、革新政党が知事や市長選挙で勝利を収めていくこと、一九九〇年代以降の無党派知事・市長や二〇〇〇年代以降の大阪維新の会、減税日本、都民ファーストの会といった首長主導の地域政党が数多く生まれていることにもつながる(第1章参照)。

4 移動へのネガティブな評価——人口という基準

人口の増減と東京一極集中

移動が地方政府にもたらす第二の影響に目を移そう。住民の増減が、地方政府の大きな関心事となり、それへの政策や働きかけが行われるという点である。第一の問題が、一時的な移動を扱ったのに対して、第二の問題は、恒常的な移動である。流出は人口減少、流入は人口増大を生む。人だけではなく、企業も流出したり、流入したりする。

農村部で人口流出が激しく、とりわけ若者の流出に偏り、高齢化が加速することは、過疎の問題とされてきた。他方で、人口流入が続く大都市では、交通機関の混雑や居住環境の悪化などが、過密問題とされてきた。過疎と過密は背中合わせの現象として、日本では、高度経済成長とともに拡大した。農村から都市への人口移動が大量に生まれたのである。

それを問題視し、政策的対応が必要な課題として認識されるようになるのは一九六〇年代以降である。全国総合開発計画、いわゆる国土計画により、「均衡ある国土の発展」を目指す。大都市部への企業や高等教育機関の立地を抑制し、農村部での企業立地を促すためにインフラ整備を行う。ほぼ同じ発想で、五次にわたる一〇年計画が二一世紀まで繰り返されてきた。

二〇〇〇年代に入り、国土計画は終焉《しゅうえん》を迎えたが、その後も同様の認識や政策は根強い。このまま人口減少が続くと消滅する市町村が続出すると説く『地方消滅』（増田編著、2014）の議論はその典型である。同様の議論はその後も続々と生み出されている。高齢化による労働力不足への懸念など、日本の国力全体の衰退が嘆かれるなかで、将来の不安を増幅する言説に終わりは見えない（河合、2017）。

そこで問題視されるのは、常に東京一極集中であり、東京への人口流入抑制が解決策とされた。地方創生政策もその一つである。官邸主導による政策形成や、地方政府による目標設定とその達成度競争を強いるしくみなど政策の管理手法としての違いはあるものの、方向は、従来の国土計画の延長線上にあるといえる。

人口数という〝信仰〟

人々が移動し、都市へ向かうのは、教育機会や経済的な機会をそこに見出すからである。農村部にそれらが乏しいため、実質的に強いられる面もある。しかし最終的には本人の意思次第であり、人々の地理的な移動は、経済的・社会的移動（所得や階層の移動）とも結びついてきた。
岩手県釜石市《かまいし》にあるすべての高校の一九五六年から九五年卒までの卒業者名簿を用い、ライフコースや意識の調査をした研究によれば、学歴と移動は連動し、移動経験者の方が出身地への誇りを持つことが示されている（東大社研・玄田・中村、2009）。とりわけ、団塊の世代までは、進学機会は社会階層の上昇につながった。一九八〇年代に一億総中流が語られたのは、実際には中流未満であっても「可能性としての中流」たりえるという認識が広く存在していたからである（佐藤、2000）。

こうした現状がありながら、人々の移動はネガティブに捉えられ続けた。地方自治を論じるとき、住民の存在は自明視されるか、その減少が嘆かれるだけである。これは、農村側の視点が過剰に強調されていることを意味する。

認識の転換はなかなか進まない。現在でも、多くの地方政府は人口目標を設定し、現状の減少傾向を少しでも上向かせようとする志向を捨てていない。移住・定住政策に取り組むところも多い。他方で、今後の問題はむしろ東京だという見方もある。東京はこれから急速な高齢化に見舞われるが、人口減少地域はすでに高齢化しており、今後の変化はむしろ小さいからである（饗庭、2015）。

人口移動への評価、原因の把握、対応の方向、具体策が整理され提示される状況にはない。地方政府の政策も多様な方向を向き、一定の傾向が見られるわけではない（加茂・徳久編著、

2016)。中央政府の政策もまた、明確な方向性を持たない。地方政府を語る際、「人口」から入ることはあまりに当然なので、それを突き放すこともできず、さりとて現実の人口を受容することもできない。

それは政治家や行政職員だけの問題ではない。私たちが小学校で地方政府のことを学ぶとき、まず覚えるのはその場所と人口である。人口は都市の「格」の主たる要因である（真渕、2015)。私たちがある街を、まず「人口〇万人の市」と認識することと、人の移動をめぐる政府の態度が定まらないことの根は同じなのである。

「足による投票」——移動の理由としての政策

ここまでは移動の理由として社会・経済的な要因を考えてきた。しかし、人々や企業が移動する理由として、政治的な要因もある。地方政府が提供する政策を理由としての移動である。居住地の地方政府の公共サービスに満足がいかず、他の地方政府の方がよりよいものであって、移動費用を差し引いてもメリットがあるなら、人々や企業が移動することは不思議ではない。

地方政府が提供する公共サービスは、とりわけ人生の最初と最期の時期に深く関わる。保育、教育、老人介護といったサービスなどである。もちろん、便益だけではなく負担も考慮されるので、税負担の程度も移動の要因となる。企業の場合は、税金などの負担面と、インフラ整備や補助金といった便益が考慮の対象となる。さらに、新たに立地するときの方が、地方政府の選択を行いやすい。企業であれば新規に工場などを建てるとき、人々であれば新たに家を買うとき、地方政府の選択が行われることは十分にありうる。

このように移動によって、人々が地方政府の政策を選択することを、「足による投票」と呼ぶ。足による投票が可能な点で、地方政府は中央政府とは決定的に異なる。私たちが国籍を変更し、中央政府を変更することは難しい。しかし、地方政府を選ぶことはできる。足による投票により、一定の条件が整えば、各人が望むだけの負担と便益の組み合わせを選ぶことができる（Tiebout, 1956）。その条件とは、十分な数の地方政府がさまざまな負担・便益の組み合わせを提示し、人々が移動することに費用がかからないというものである。もちろん、仮定の話だが、一定程度の効果が期待できることは、地方分権を正当化する一つの根拠となってきた。

他方で、足による投票は、地方政府の政策選択の制約ともなる（Peterson, 1981, 1995）。再分配を行う以上、高所得者は負担の方が大きく、低所得者は便益の方が大きい。福祉という磁石は、一方の極である高所得者を反発させ、他方の極である低所得者を引きつける。周辺よりも高い水準の福祉政策をとる地方政府には低所得者が集まる一方で、高所得者は流出する。これがつづけば、当該地方政府の財政は破綻《はたん》する。

実際、一九七〇年代のニューヨーク市は、この人口の流出入により財政破綻した。これを回避するには、周辺の地方政府よりも福祉水準を低下させるしかない。トップではなく最下位を求めての競争が生まれるのである。これが地方政府の抱える構造的制約であり、さらにいえば中央集権を正当化する根拠となる。

日本における「足による投票」

日本の場合はどうだろうか。移動が容易な企業は足による投票を行っており、地方政府はそれを考慮して事業税を決めている（田中、2013）。他方、個人については、足による投票はあてはまらないように見える。地方政府による負担の違いがきわめて小さいからである。画一的な地方税制のため、地方税負担の違いはほぼない。

したがって、足による投票を行う理由は、便益面だけになる。地方政府が提供する公共サービスが生活面で重要であり、かつ新しく住居を選択する場合には、一定程度足による投票が行われる。

たとえば、子どもが生まれて家が手狭になり引っ越しをする際、保育所の入所状況は考慮事項となる。全国の成人に対する意識調査（国土交通省土地市場課『居住地域に関する意識調査』二〇一〇年）では、住み替え時に重視する項目として一二の項目から上位三つを選ぶ質問を行っている。そこでは、医療・福祉環境は二九・八％、子育て環境の充実は一一・三％、行政サービスの水準の高さは一三・九％の人々が選んでいる。もちろん、物件のよさ（五八・〇%）や交通利便性（六六・四%）に比べれば低いが、相当の人々が一定程度、地方政府の政策を考慮していることがわかる。

また、例外的に負担と便益のバランスが大きく崩れれば、人々が流出を行うこともある。財政破綻した夕張《ゆうばり》市の場合、一九九六年に一万七〇〇〇人、二〇〇六年では一万三〇〇〇人だった人口は、二〇一八年に八三一七人となっている。高齢化率は五〇%を超え、全国の市のなかで最も高齢化が進んでいる。財政破綻とその処理が、足による投票を促進したといえる。結局、残る住民だけが、債務返済の負担を負い続けている（光本、2011）。

さらに、間接的な形も含めれば、足による投票は大規模な形で行われている。たとえば、買い物をするときに店がどの行政区域に位置しているかを気にする人はいないだろう。気に入った店があれば、近隣市町村の店に買い物に行くのは日常的である。

日本の場合、一時的な「足による投票」については、大都市圏では公共交通機関、それ以外では道路網の整備によって、容易に行える条件が整っている。それを無視して大規模店舗の出店を抑制する政策をつくったところで、期待するような効果は生まれない。

また、消費者と並んで観光客も、地方政府が対応すべき「移動する人々」である。観光客が「お金を落とす」ことで、地域の所得や雇用の増大をもたらす。それだけに、多くの地方政府が観光振興に力を入れている。二〇〇六年の観光立国推進基本法および〇八年の観光庁設置の頃から、従来からの観光地のみならず全国の地方政府が、観光客、とりわけインバウンド（訪日外国人）の獲得を目指してきた。交通機関や宿泊施設の混雑が激しくなると、それへの対応を迫られるのも地方政府である。二〇一四年に国家戦略特区により民泊が東京都、神奈川県、大阪府、京都府で認められるなど、国と連動しながら対応をつづけている。

地方政府は境界線に壁をつくれないので、住民やその日常活動を、自らの境界線内に囲い込むことはできないが、観光客などを境界線内に呼び込むことはできる。消費社会化が進み、観光産業が拡大するなかで、「足による投票」の種類も量も増大している。地方政府が「非住民」にも向き合わなければならない傾向は、今後もさらに強まるだろう。

移動による住民構成の変化

移動が地方政府にもたらす第三の影響に移ろう。住居の変更や、日常的な移動によって、住民の性質が変化することである。これには二つの側面がある。一つは、移動する人が存在することで、流出・流入があった地方政府の住民の構成が変化することである。もう一つは、移動していく人々自体の性質の変化である。

移動する人々によって、地域社会の住民構成は変化する。人口の増減という量的側面ではなく、いかなる人々の集団となるかという質的側面がここでの関心である。

移動する人々は特定の性質を持っていることが多い。たとえば、就学、就業機会を求めて移動することから青年層は移動が激しい。このため、移動は住民構成を変化させる。流入を受け入れる側は住民構成が多様化するが、流出していく側は同質化が進む。過疎化が進む際には、同時に住民構成の高齢化が進む。人口減少という量的変化は、高齢化という質的変化をもたらす。社会的な人口減は、次世代の出生数低下につながる。このため、人口減少は加速化しやすい。

現在の日本の農村部で生じているのは、この人口減少の加速である。これまでは寿命が延びることで高齢化と緩やかな人口減少がつづいていたが、寿命が延びなくなれば急速に人口が減少するだろう。消滅自治体とは、このメカニズムの帰結である（増田編著、2014）。

移動する人々の特徴

もう一つの、移動による人々の性質の変化を考えよう。移動する人々は地域とのつながりの稀薄《きはく》さ、関心の低さを指摘されることが多い。都市における人間関係の稀薄さを嘆く声、逆に農村での共同体的束縛を嫌っての都市への移動を賞賛する声のどちらも古くからある（水口、2007）。

都市に住む人々の意識や行動は、社会学によって調査されてきた。日本では、自発的に地域社会に関わっていこうとする「市民的態度」は、むしろ団地住民に多いことなどが明らかになっている（松尾、2015）。都市住民の方が自発的なネットワークには積極的であると同時に、無力性、無規範性、社会的孤立というパーソナリティを抱えることはなく、多様性志向が高いこともわかっている（赤枝、2015）。

居住地のあり方が政治意識や行動の違いにつながることもある。団地など新たに都市に流入してきた世代的にも近い人々が集住する地域が、戦後の革新勢力を支える一つの基盤になった（原・重松、2010、原、2012）。投票行動研究によれば、その他の要因の影響を統制してもなお、居住年数の長さは、自民党支持の強さに、逆に居住年数の短さは投票先政党の変更につながることが示されている（山田、2017）。

新住民のうち異質性が大きいのは外国からの居住者である。日本では表だって外国からの移民を大規模に受け入れていないが、就学ビザによる労働の制約なども緩く、短期的な就労者を実際には多く受け入れている。関東地方や東海地方で製造業が産業の中心となる市町村のなかには、外国人の住民が相当数にのぼるところも多い。ゴミの出し方から学校教育での対応まで、行政として対応すべき課題も増える。内なる国際化がもたらす共生の難しさに直面するのは、中央政府ではなく地方政府である。

移動しない人々の満足度

移動する人たちの裏には、長年同じところに住み続ける人々がいる。彼・彼女らに特有の意識や行動はあるのか。たとえば、「取り残される」感覚を持つのか、主体的に残ることを選んだ感覚を持つのか。それは、地域の政治や行政にどのような効果を持つのか。

この面での研究は少ないが、人口二〇万以上の都市圏、つまり大型モールやスターバックスなどが立地する最低規模の地方都市とそれ以外の条件不利地域とを比べた場合、差が大きいという結果が出ている。該当する地方都市は三大都市圏以外に全国で八〇ほどあるが、若年者の地域満足度は地方都市の方が条件不利地域よりも格段に高い。他方で、生活満足度や人生満足度の差はない。また、双方とも地元を離れたことがない層の生活満足度は低い（轡田、2017）。

先にも述べたように、日本の地方政府は、人口増加を一つの目標としてきた。人口という量的側面への注目や、それに基づく制度設計は、人口増大と経済発展が手を取り合いながら進む段階では適合的だった。しかし、その前提が失われ、地方分権化を進め、各地域での政策形成が求められるいま、人口の質への理解は不可欠である。移動する人々としない人々の双方から構成される住民の特性を踏まえて、政治と行政のあり方が考えられるべきだ。

日本の地方政府は、足による投票を積極的に促進するよう制度設計されていない。人々が自ら政府を選びとったりつくり出したりすることは想定されていない。住民の存在は前提であり、そこを問い直すことなく制度設計がなされ、実際の運営が行われていく。

しかし、理念や考え方が不在で、制度設計されていないからといって、人々が足による投票を行っていないわけではない。人々は意識することなく、日常的な境界線の越境を繰り返し、住居の選択を通じ、同質化と排除を進める。この状況にいかに対応するかは、今後の日本の地方政府の課題だ。

5　政策の限界——開発、福祉、まちづくり

地域社会・経済を変えるには

地域社会や経済に地方政府は強く制約を受けている。しかし、地方政府は地域社会や経済に働きかけを行ってもいる。地方政府は政策により、地域社会や経済のあり方を変えようとする。

日本の地方政府は、人口の量的側面を目標とすることから、開発政策に傾倒した。地域経済の拡大が、人口増大を可能とするからである。他方で、足による投票は想定せず、住民の存在を前提とすることから、福祉政策にも積極的であった。最下位への競争が生じるゆえに福祉政策を担えないといった地方政府の構造的制約は、日本では弱かった（曽我、2001）。開発政策と福祉政策の双方で大きな役割を果たすのは、日本の地方政府の政策の特徴といえる。しかし裏面で、他国では地方政府の政策の中心であるのに、日本ではそうでもない政策もある。都市計画やまちづくりがそれであった。

これらの選択は、第5章で見るように、中央政府からの制約を大きく受けてもいる。しかし、地域社会・経済のあり方やそれへの捉え方が大きく影響もしているのだ。具体的な姿を

開発政策、福祉政策、まちづくりの三つに分けて見ていこう。

中心であり続ける開発政策

最初にとりあげるのは、開発政策である。

戦前から、インフラ整備は都市経営の一つの中心であった。

東京では、商都としての性格を持たせようとする渋沢栄一《しぶさわえいいち》らと帝都としての性格を強調する内務省の対立、港湾整備をめぐる横浜との対立、日本橋付近の開発を目指す渋沢と丸の内を開発しようとする岩崎弥太郎《いわさきやたろう》の対立など重層的な対立軸があり、さまざまな計画が浮かんでは消えるが、市区改正計画は大正期には実現をはじめる。道路を中心に、市場などの都市施設の整備が進められていく（石田、2004）。

同様に大阪でも、一九二三年に市長となった関一《せきはじめ》のもと、御堂筋《みどうすじ》の拡幅と地下鉄の建設、中央卸売市場の開設などが進められた（砂原、2012）。

戦後になって、開発政策は全国化する。戦後の地方政府の政策の一つの中心は、インフラ整備を軸とする開発政策であった。工業団地などの土地、水道、交通機関を整備することで第二次産業を立地させることが、高度経済成長期以来の中心的手段であった。神戸市による「山、海へ行く」はその象徴的表現である。六甲《ろっこう》山系の土砂を採掘し、ポートアイランドや六甲アイランドといった人工島をつくり出すという手法は、開発行政の最たるものであった。

一九七〇年代の革新自治体も、開発抑制を行ったわけではない（曽我・待鳥、2007）。税制の自由度が低い日本の地方政府が、財政の健全化を維持するためには、都市の成長を確保するしかない。そうした傾向は、最も豊かであるが、それゆえに国の財政移転を受けない東京都でこそ強く、一九九〇年代に至るまで、開発政策が継続した（渡邊、2017）。バブル崩壊後も、一九九〇年代の間は財政出動がつづけられ、貿易摩擦や自由化への対応からも、公共事業、とりわけ地方の単独事業は拡大をつづけた。

風向きが変わるのは、二〇〇〇年代の小泉純一郎政権で公共事業改革が進められたことである。中央政府の財政赤字が拡大し、財政再建が必要となったこともあり、地方政府の開発政策も形を変えていく。インフラ整備ではなく、固定資産税免除などの金銭的なインセンティブの付与が多く用いられるようになる。海外への工場移転も増えるなか、誘致は首長などトップセールスによる「営業」活動の対象となる。産業の高度化と地方政府の財政も厳しいことから、観光業への着目など、これまでとは対象とする産業も手法も変化していく。大阪市などが進めるIR誘致構想などもそうした流れに乗るものだ。

他方で、外の世界から資本や産業を集めることではなく、すでに立地しているものの活用を説く見方もある。地域に根ざす企業や人々こそが発展の原動力だと考えるのである。そうした成功例として、福井などの北陸三県がとりあげられることが多い（東大社研・玄田編、2013、宇野・五百旗頭編、2015、藤吉、2015）。人的資本の育成や活性化を通じて「稼ぐまち」

に転換することを求める議論もこの系譜といえる（木下、2015、2016、飯田他、2016）。中央政府などへの依存に対する否定的姿勢、民間主導の強調などと相まって、地域の発展は地域の責任というある種の「自己責任論」的な考え方が根底にある。

二〇〇〇年代を境に、ハードからソフトへ、対象も手法も大きく様変わりしたが、地域経済を拡大するための開発政策は、地方政府の政策の中心であり続けている。

福祉政策という重責——生活保護、介護、保育

開発政策を精力的に展開すると同時に、福祉政策についても幅広い権限を日本の地方政府は背負ってきた。生活保護のような古典的な福祉政策にはじまり、年金や医療について、その掛け金や保険の整備、実際の供給体制の整備についても、地方政府が果たす役割は大きい。さらに、一九九〇年代以降、介護保険の導入と介護サービスの提供も、地方政府に新たな役割として追加された。

福祉政策の提供の責任が地方政府、とりわけ市町村に大きく課されているところは、他国と比べた場合の日本の特徴である（北山、2011）。

しかし同時に、地方政府による福祉サービスの提供は、地方政府の職員の手によってすべてが行われているわけではない。生活保護や年金のような金銭の給付を除けば、医療や介護といった直接的な供給の多くを担うのは、民間部門である。したがって、地方政府の背負う

責任の大きさの割に、職員数は小さい。これが日本の地方政府による福祉供給の第二の特徴となる。

このこともあって、たとえば不況期における雇用確保のために地方公務員が増員されることは皆無に等しい。あるいは、女性の雇用を地方政府が支えることも皆無である（前田、2014）。北欧諸国の福祉国家とはちょうど裏返しに位置している。

地方政府がサービス提供への責任を持ちながらも、民間事業者に実際の供給を依存していることは、サービス需要に応えることを難しくする。典型的なのは保育サービスである。多くの待機児童が問題視されながらも、抜本的な解消が長年にわたって図られない。

小学校のように地方政府がサービス供給までを行うならば、問題解決が地方政府の責任であることは明白であり、供給を行わざるをえない。あるいは、完全に市場に委ねられているならば、新規参入が生じて、問題は緩和されるだろう。

しかし現行のしくみでは、長らく企業の参入は抑制され、地方政府か社会福祉法人による供給に限定されていた。需給調整を保育料の引き上げで行うこともせず、新規参入を促進することもなく、既存の法人の経営を保護してきた（鈴木、2010）。

福祉としての住宅政策の欠落

さらに、他国に比べて、地方政府が消極的な役割しか果たしていない領域もある。住宅の提供である。

生活の基盤となる住宅の提供は福祉の重要な部分である。公営住宅で政府部門が直接供給をするか、あるいは家賃補助による間接的な形かいずれかの方法で、低所得者の居住確保が目指される。各国の居住形態はさまざまでも、低所得者に向けた住宅政策が存在することは共通する。ところが、日本はその例外だ。

日本の地方政府もかつては公営住宅を建設してきた。一九五一年に公営住宅法が制定されて以来、建設を進めてきたが、それは一九六〇年代までのことである。一九七八年の時点で住宅総数三五四五万戸のうち公営住宅は一七二万戸（四・九％）、九八年では五〇二五万戸のうち二〇九万戸（四・二％）、二〇一三年では六〇六三万戸のうち一九六万戸（三・二％）となっている（総務省統計局『住宅・土地統計調査』）。そもそもの比率が低いうえに、その比率を下げ続けている。

しかも、公営住宅は低所得者対象でもない。もともと、原価主義で家賃を設定し、将来は持ち家に移る若年世帯に一時的な住居を提供するものだった。その後、急速に入居者の収入基準を下げていったが、それは十分な戸数が用意できないためだった。しかし、低めの家賃設定で戸数が限定されていることには不公平感が強く、一九九六年の公営住宅法改正で、応能応益家賃に移行した。

家賃補助は、そうした不公平感に対処する有効な手段であり、欧米各国は一九七〇年代以降、こちらに軸足を移しつつある。しかし日本では、新規の建設投資の拡大に寄与しないことと、実質的な家賃補助は企業労働者には社宅という形で与えられていたため、制度が用意されることはなかった（平山、2009、2011、平山・斎藤、2013）。家賃補助は、新婚家庭の流入促進策として用いられるのみである。

雇用が確保されていることを前提に、民間部門で提供される新築住宅を購入することを促進することに偏向してきた日本の住宅政策の裏返しが、福祉としての住宅政策の欠落である（砂原、2018）。

そのなかで地方政府は自ら公営住宅をつくることも、家賃補助を行うこともなかった。近年ではむしろ「福祉の磁石」となることを恐れ、公営住宅の戸数減少を図ろうとするところも多い。たとえば、香川県は六四五四戸あった県営住宅の約三分の一、二一七八戸を再編整備する「県営住宅ストック総合活用計画」を二〇〇六年三月に示した。実際には、転居先の確保ができず、二〇八戸の廃止にとどまったが（小山・吉田、2007、渡邊他、2008）、全国各地で同様の縮減の動きはつづいている。

都市計画とまちづくり

都市計画は、大きく二つの意味を持つ。一つは、開発政策のところで触れたようなインフラ整備の計画のことを指す。もう一つは、土地をどのように利用するかに関する規制の方向性を定める計画である。土地をどのような用途に、どの程度の密度で利用することを認めるのかというものである。

土地の所有者からすれば、自由に利用できる方が、経済的利益を追求しやすい。しかし、土地の利用は周囲に影響する。経済学でいう外部性の発生である。工場が周囲の住宅に騒音や煤煙《ばいえん》をもたらすのはその典型例である。敷地いっぱいに高い建物を建てれば、周辺の通風、日照を妨げる。過密な利用は、道路や水道などのインフラに大きな負担をかけ、学校などの公共施設の必要性にもつながる。

地方政府としては、人々の効用を全体として高め、また、自らのインフラや公共施設整備との整合をとるため、土地利用の規制を行うインセンティブを持つ。都市計画は、個々の土地に対する規制を超えて、地域全体にどのような規制を行うのかを、パッケージの形で決める。都市計画は街の姿を大きく規定する（曽我、1998-2000）。

整然とした街並み、町工場と職住近接で暮らす人々、高層ビルの林立、高さ規制による歴史的景観の保護など、いずれもが都市計画の産物である。しかしそこには、土地所有者の利益とそれ以外の人々の利益の鋭い衝突がある。このため、計画をどのような手続きでどのように策定するかが問題となる。

都市計画が街の姿を規定する以上、それを市町村が制定することは当然に思える。しかし日本では、地方分権改革まで、中央政府と都道府県が、都市計画の中心的担い手であった。

一つには、行政区域の境界線を越えて実態としての都市が連続して存在するため、都市計画区域を市町村の区域よりも広く設定する必要があるという考えがある。もう一つには、土地利用規制は権限に基づく取り締まりを通じて行使されるという意味で、戦前は警察行政の一種であった。また、土地の財産権に対するある種の制約としても位置づけられる。

こうした観点から、区域指定や用途地域の指定といった都市計画の権限は中央政府から都道府県への機関委任事務であるとされてきた（第5章参照）。

しかし、まちづくりの観点からすれば地域住民の声を反映させるべきである。都市計画の目的も外部不経済の抑制から景観の創出などに拡大することで、住民参加を取り入れた計画策定が求められた。これが一九八〇年の地区計画制度の導入へつながった。さらに、まちづくり条例など市町村が自らのまちづくりを主導する動きが強まり、地方分権改革により一九九九年に機関委任事務が廃止された。このとき、用途地域の指定権限なども市町村に移された（石田、2004）。

地方政府の都市計画の限界

都市計画の規制対象や具体的なメニューは非常に多様であり、複雑な制度であるが、単純化すれば、規制をどの程度強くするかが鍵である。規制を強めるほど、土地所有者の利益を小さくし、経済活動を抑制する方向を向く。

日本の都市計画の特徴は、規制の緩やかさである。区域指定や地域指定の内容があまり詳細ではなく、細やかな規制をかけにくい。このため、開発を抑制すべき区域内で実際には開発行為が進むことも多い。市街化調整区域でも種々の抜け穴があり、開発がなし崩し的に進む。

地方政府もこうした制度を基本的には受け入れている。むしろ、地方分権改革により権限を得てからは、規制をさらに緩める傾向にある。財政自律性が高まり、人口の確保が財政考慮上も重要性を増すなかで、住宅地の利用可能性を狭める判断は難しい。あるいは、急傾斜地崩壊危険区域の指定なども、指定すると対策事業が求められるため、財政的考慮から区域指定をなかなか進められないといった現状がある。

さらに中央の側は、東京をはじめとする大都市部での新たな投資を呼び込むため、二〇〇〇年代には規制緩和を積極的に進める。特区制度を利用し、規制緩和がつづけられた結果、タワーマンションの林立が生じるようになった。

地方都市では、人口減少を前にして、都市計画でもコンパクト・シティのような対応策が提示される（中山、2010、大西編、2011、饗庭、2015）。居住者がわずかな地域でのインフラの維持が難しいことが、こうした政策が提唱される理由である。また、安全上の問題があるところへの居住を防ぐことが、防災上の観点からも必要であろう。

しかし、中心部への誘致策だけでこれが実現できるものではない。一定の抑制策との組み合わせが必要だが、それには都市計画規制が弱すぎる。土砂災害が起こるたびに規制が求められつつも、利用の禁止を徹底しないのは、土地所有者と不動産業者の利益への配慮である。災害への対応を治水事業等の物理的な設備に頼ることも、土木業者の利益に沿う。

縮小が進むなかで、安全性の高い地域だけを高度利用することはたしかに望ましいだろう。しかしそれには、危険性の高い土地の利用を禁止するとともに、土地の保有コストを高め、空き家やシャッター商店街を解消する施策をセットにする必要がある。このような土地所有者の利益に合わない選択を首長や地方議員が行うことは難しいだろう（北原、1998）。現在の日本の地方政治の一つの帰結が、現在の日本の街並みなのである。

＊

本章では、歴史を振り返りながら、地域社会・経済と地方政府の関係を考えた。住民の流動性が高いにもかかわらず、あるいはむしろそれゆえに、人口増加が日本の地方政府の目標となってきた。国にとっての経済成長にあたるのが、地方にとっての人口増加だったのだ。そして一方では、ここまで見てきた政治や行政の特徴が、地域社会・経済への政策による働きかけに影響を与えてきた。都市計画などはその典型例である。

他方で、人々の移動は他の地域、ひいては全国とのつながりをもたらす。ここから、地方政府は他の地方政府と関係を持つことになるし、中央政府ともまた、無関係ではいられない。次の章ではまず、地方政府と地方政府の関係を見ることとしよう。

第4章　地方政府間の関係——進む集約化、緊密な連携

1　二層制——四七都道府県・一七一八市町村の編成

地方政府の編成とは

日本には、四七の都道府県と一七一八市町村が存在する（二〇一八年一〇月一日現在。総務省HP）。地方政府全体の編成として、都道府県と市町村という二つの層からなるので、これを二層制という。

ほぼすべての国に市町村は存在する。たとえば面積一五七平方キロメートル（つまり一三キロ×一三キロほど）のリヒテンシュタイン公国にも一〇の市町村がある。バチカンやモナコのような都市国家だけがわずかな例外となる。しかし、都道府県のような広域政府は各国により多様な形がある。イギリスの都市部のようにそれを置かないこともあれば、フランスやイタリアのように州と県の二種類が置かれることもある。

各層をどの程度の広さにするかも多様である。地方政府の規模は不変ではなく、合併や分割により増減する。

では、日本の地方政府は、いくつの層を持ち、どのように合併や分割をしてきたのか。それは他国と比べてどのような特色を持つのか。

版籍奉還と廃藩置県を経て、府県ができて以来、一九二一年に郡が廃止されるまでは、府県、郡、市町村の三層制であった。それ以降、現在に至るまで二層制がつづいている。郡制廃止以降、郡は住所表記などに用いられるだけである。

四七の都道府県は、一九七二年に沖縄復帰が果たされて以来、変わっていない。さかのぼれば、明治初期の廃藩置県から二〇年間ほどは再編成がつづいたものの、一八九〇年から現在に至るまで、境界線の変更はない。都道府県はきわめて安定している。

他方で市町村は、大規模な合併を、明治、昭和、平成と三度、経験した。その結果、日本の市町村の規模は世界的に見てきわめて大きい。先ほどあげたリヒテンシュタイン公国の一五七平方キロメートルとは、東京都八王子市より少し小さく大阪府堺市よりも少し大きい。これより大きな日本の市町村は七〇〇以上存在する。シンガポールの面積（七一九・九平方キロメートル）より大きい市町村すら六九ある。

なぜ日本では全国で一斉に合併が行われたのか。どの市町村もが合併を経験したのか。なぜ合併がつづき、分割されることはなかったのか。この規模の大きさは何をもたらしているのか。

地方政府の編成とは、何種類の地方政府を設け、どの程度の規模とするのかを決めることである。地域社会や経済との関係や、中央政府の方針に制約されつつ、自分たちの町のあり方を自分たちで選んでいこうとする住民、議員や市町村長の利害が絡む政治過程が地方政府の編成を決める。マクロの構造と、ミクロの意思決定の交錯点に、地方政府の編成は存在する。

規模が過小になった場合

地方政府の編成見直しの大半は、公共サービス提供の問題から起こる。単独の地方政府では、公共サービスを十分に提供できなくなることが再編成の出発点である。

こういった事態が生まれる理由は二つある。一つは、これまでの地方政府では供給能力が不足することである。たとえば、新たな福祉サービスを提供しようにも、規模が小さすぎてマンパワーが不足する場合があげられる。これは供給面の理由といえる。

もう一つは、地域の側が拡大することである。人々の日常生活圏の拡大である。このとき、量的にも質的にも、人々が求める公共サービスは変化する。こちらは需要面の理由である。第3章で見た大都市問題はこの例である。

これに対する解決策は、大きく分けて三つある。

とである。権限の吸い上げといえる。

第一は、より広域を所管する地方政府やさらには中央政府が、そのサービスを提供するこ
第二は、周辺の地方政府同士で連携して、サービスの提供にあたることである。場合によっては、地理的に近接しないところ同士の協力が行われることもある。

第三は、地方政府の規模を拡大すること、すなわち合併である。

この三つにはそれぞれメリットとデメリットがある。単純に規模を拡大することだけが解決策とならないのは、規模が小さいことの利点があるからである。小さく身近な政府の存在は、民主主義の観点からは望ましい。したがって、規模の拡大が進むと、規模が過大であることを問題視されることもある。その場合、逆の解決策が試みられる。これは、都市内分権と呼ばれる。

三つの解決策の功罪を、さらに掘り下げていこう。

権限の再分配

第一の権限の吸い上げとは、より広域の政府に公共サービスの権限を移すことである。吸い上げ先には、広域地方政府と中央政府がある。広域地方政府の場合、既存の広域地方政府か、新たに設置される広域地方政府かといった選択肢がある。フランスやイタリアなど、州政府を一九七〇年代以降に新たに導入したケースも少なくない。

権限の再分配を行う際には、人員や財源の再配置もあわせて行われる。再配置を全体としてうまく行わなければ、受け入れ先の負担が過重となり、市町村側には資源の余剰が生じる。新設の広域地方政府をつくる場合、再配置はより大規模なものになる。制度設計の難易度は高い。

このとき、市町村の側は提供する公共サービスが減り、その性格は純化する。広域政府ないし中央政府の側は提供するサービスの幅が広がり、性格は混在化する。相互の矛盾が顕在化し、効率低下が生じる可能性もある。逆に、新たなサービスが既存のサービスとの間で共鳴効果を持ち、効率化が達成される可能性もある。総じて、どのような効果が出るかは予想しがたい。

連携・協力

第二の連携・協力のメリットは柔軟性である。公共サービスの種類ごとに、異なる組み合わせで、協力体制を組むことができる。

たとえば、ゴミの焼却は隣接する三つの市町村で行いつつ、都市計画はより広域の周辺一〇市町村の共同で策定するが、介護サービスは単独で行うことで独自のサービス内容を提供することも可能である。つまり、一つひとつのサービスごとに、提供の最適規模を追求しやすくなる。

また、日常的な協力もあれば、一定期間のみ協力を行うものもある。災害時の救助や復興を相互に支援するしくみは、その例である。震災などの自然災害は隣接地域を同時に襲うことが多く、支援を受けるには一定程度離れた市町村の方が好ましいこともある。災害時の相互応援協定は、日常的な事務事業の連携とは異なる市町村間で結ばれることも多い（大西編、2017）。

しかしこのメリットはデメリットにもつながる。複雑すぎるのである。それはひいては、住民がサービスの量と質の決定に関与できないことにつながる。「民主主義の赤字」が生じやすいのだ。

これを避けるには、連携する公共サービスごとに選挙を行い、住民の代表を選出して意思決定する必要がある。アメリカの学校区（スクール・ディストリクト）は、その例である。郡や市とは別の地理的範囲で、公立校の運営に特化しているが、代表が選出され課税権も持つ点で、これも一種の地方政府である。

たしかに民主主義の赤字はこれで改善されうる。しかし、住民から見れば、個別のサービスごとに異なる地方政府が存在し、その地理的範囲も違うことになる。多数の地方政府の住民として、運営を監視し、適切な代表を選ぶのは、重い負担となる。実際に学校区などの投票率は低い。形式を整えても、実質的に民主主義が機能しているとはいいがたい。

合併

第三の合併は、第二の連携・協力方式のちょうど裏返しである。住民がサービスの質と量を決めるという民主主義の根幹を守るには、地方政府が多くのサービスを包括的に提供することが望ましい。そこを維持しつつ、規模が過小であるという問題に対処するために、地方政府の境界線を引き直し、規模の拡大を図る。原則を崩すことなく、状況の変化に対応する簡潔な対応策である。

しかし、デメリットもある。種々の公共サービスごとに、それを必要とする人々の範囲も、供給するうえでの最適規模も異なる。したがって、いずれのサービスにとっても、せいぜい次善の規模にしかならず、妥協の産物という性格が強くなる。

さらに、メリットであるはずの実質的に機能する民主制を実現するには、複数の公共サービスに対する住民のニーズを理解し、政策に結びつけねばならない。規模が大きくなれば、住民の多様性も増すので、適切な政党制を持たない限り、この点は実現しがたい。ただし、サービスごとに最適規模が異なるという問題は、公共サービスの直接の供給を民間部門に委ねる民間委託やPFIなどによって緩和される。第2章で見たNPMの考え方は、合併を機能させやすくする。

合併という方策が有効か否かは、地方政府の政党制など政治部門のあり方とNPMの導入の程度によって異なってくる。

各国の模索

地方政府の規模の見直しには、最善の一つの答えは存在しない。このため、各国はそれぞれ異なる対応を見せてきた（加茂他編著、2010）。大きく分けると、南欧型と北欧型に区分される。

南欧型とは、市町村の地域共同体の性格を重んじ、合併や再編を行わずに、地方政府間の連携や広域地方政府への吸い上げなどで対応していく諸国である。フランス、イタリア、スペインなどがその典型例である。アメリカやドイツもこちらに該当する。

これに対して北欧型とは、市町村による公共サービスの供給を重視し、合併により市町村の行財政能力を高めようとする諸国である。市町村間の連携や広域地方政府の新設などはあまり行わない。スウェーデンをはじめとする北欧諸国、イギリス、さらに韓国などが該当する。日本もこちらに入る。具体的に各国の事例を見ていこう。

フランス——多様な連携

南欧型の代表例としてフランスをとりあげる（下條、1996）。

フランスの基礎自治体はコミューンと呼ばれ、二〇一五年現在で三万六六八一存在している。一八世紀末のフランス革命時からその数はほとんど変わっていない。人口は最大のパリで二二〇万人、第二の都市マルセイユが八五万人である。平均では一五〇〇人、中位で見ればさらに低く三五〇人ほどになる。

フランスの地方制度は、規模の小ささに対応するため、多様な連携方式を編み出してきた。廃棄物処理や交通インフラの整備など、多くの行政サービスが、事務組合や都市共同体といったさまざまなコミューン間協力法人の手で実施されている。それらは、一九九九年シュベヌマン法により、大都市共同体、都市圏共同体、コミューン共同体、新都市事務組合に集約化され、さらに二〇一〇年と一四年の法律により、大都市共同体の一部がメトロポールに移行した。

広域地方政府についても、県の数はほぼ一〇〇で一九世紀以来変わっていない。「全体の一部をなす部分」(デパルトマン)というその名称からもわかるように、また馬の伝令が一日に走れる距離に収まるよう機械的に区切られたともいわれ、面積がほぼ等しいことでもわかるように、中央政府の出先機関の位置づけが強い存在だった。これが二〇世紀に公選が導入され地方政府に転じた。

県についても、再編が行われないことから、小規模であることが問題視され、連携・協力方式が用いられてきた。より抜本的には、さらに広域の州(レジオン：地域圏と呼ばれることもある)を設置し、広域課題を担わせてきた。当初は、地方出先機関の位置づけだったが、一九八二年の地方分権法により公選制を導入し、地方政府に転換した。レジオンの数は本土に二二あったが、二〇一六年には一三に再編された。教育、医療、さらに交通インフラの整備、管理を担う存在となり、重要性を増してきている。

イギリス――繰り返される合併

イギリスの地方政府は、中央政府の手で再編を繰り返されてきた。地方自治の母国といわれながら、中央政府により存廃すら決められるのがその実態である。フランスが中央集権国家といわれながら、地方制度の再編を緩やかに進めていることとは対照的である。

この違いは、国政と地方政治が分断されているか、連結されているかで説明されてきた(Ashford, 1982)。イギリスの中央政治家と地方政治家は分断されており、地方政治家を経験して国政政治家になる者は少ない。保守党と労働党の双方が組織政党化しており、地方政治家ではなく党内活動から国政政治家のキャリアはスタートする。これに対してフランスでは、兼職が認められており、国政政治家の大半は同時に地方政治家でもある。地方の意向を無視した改革は行いがたい。

イギリスは全国的に何度かにわたり合併を行うとともに、大都市部では一層制など他の地域とは異なる制度を導入し、広域政府の性格を持たせるという二つの方法で、市町村の規模の問題に対応した。裏返しに連携方式はあまり用いない(内貴、2009、山下、2015)。

大きくは一八八八年法と一九七四年法による再編成が大きなものであった。一八八八年法により広域政府であるカウンティと市町村という二層制が導入された。カウンティは五八、市町村数は一三〇〇ほどあった。このほか特別市が八〇ほどあり、これは一層制であった。一九七四年法では全国的に二層制を敷くこととなったほか、市町村の区別をなくし、ディストリクトの名称に統一した。大都市カウンティと大都市以外のカウンティをあわせて四四、大都市ディストリクトと大都市以外のディストリクトをあわせて四一〇ほどである。

サッチャー政権の一九八六年には、ロンドンと大都市が一層制となり、さらに一九九五年以降、大都市以外でも一層制の単一（ユニタリー）政府が導入されている。他方で二〇〇〇年からはロンドンが再び二層制になるなど、制度の再編はめまぐるしい。現在は一層制をとる部分が一〇〇ほど、ディストリクトが二三〇ほどなので、ロンドン三二区をあわせて合計約三七〇の基礎自治体しか存在しない。平均人口は一七万人ほどで世界最大の基礎自治体である。

フランスの制度がパリを除いて画一的な形をとってきたのに対し、イギリスでは、イングランドとスコットランド、北部アイルランド、ウェールズのそれぞれに異なる制度が導入されている。制度の画一性は低い。たとえばスコットランドでは、一九九四年法により農村部を含めてすべて一層制となっている。

では、日本の都道府県と市町村の実態はいかなるものか。両者の現状を見たうえで、そこに至る歩みを振り返っていこう。

2 都道府県と市町村の役割分担——近年の変化

都道府県の役割とは

都道府県には三つの役割がある。

第一は、国の政策を実施する機関の役割である。これは第5章で扱う。

第二は、市町村よりも広域を所管する地方政府としての役割である。県民に共通する利益を実現していく機能だ。地方自治法では、広域事務と呼ばれる。

第三は、市町村を指導し助ける役割である。国と市町村の間の連絡、市町村間の連絡や調整であり、地方自治法では連絡調整事務という。市町村では行えない事務を都道府県が担う面もある。これは補完事務といわれる。さらに、地方分権改革以前は、市町村への統制も担っていた。統一事務と地方自治法では称されていた。

以上のように、現在の地方自治法上の役割は広域事務、連絡調整事務、補完事務と三つあるが、形式としては大半は広域事務である。愛知県の調査では、愛知県が抱えるおよそ一〇〇〇の事務事業のうち、広域事務が約八割、補完事務が約二割、連絡調整事務はごくわずかとされている（愛知県・分権時代における県の在り方検討委員会『最終報告』第5章、二〇〇四年）。

広域事務といっても、予算の多くは、道路や河川といったインフラ整備の他は、警察と教育に割かれている。極端な言い方をすれば、都道府県の最大の役割は警察と教育の金銭負担である。警察では、国の統制が強く、都道府県が自律性をもって政策決定できるわけではない。教育では、県費負担教職員制度により、市町村職員としての市町村立小学校の教員などの給与負担を都道府県が行っている。都道府県が人的資源の負担を背負うことで地域間再分配を行うしくみである。県民の利益の実現というより、実際には市町村間の調整の色合いが濃い。

広域事務の比率が高まっている背景には、都道府県から市町村への権限移譲がある。条例を制定して、都道府県から市町村へ権限を移譲することが、二〇〇〇年代以降、各地で進められている。二〇〇六年からの第二次地方分権改革でも、国から都道府県、さらに市町村へと権限移譲がつづけられている。できるだけ住民の身近なところへ権限を与え、それが難しい場合のみ、広域の政府の権限とする「補完性の原則」に基づくものである。補完性の原則は民主主義の観点や代表の論理からの正当化といえる。

他方で、小規模町村に対する補完機能は徐々に拡大しており、今後もこの傾向はつづくだろう。市町村への権限移譲を行えば行うほど、小規模町村が大規模な市と同様にすべての事務事業を担うことは難しく、都道府県による支援が一つの解決策となるからだ。

また、リスクへの対応には、スケールメリットを生かす必要がある。災害のようなリスクへの対応や、年金や保険のようなリスクをプールするしくみの運営は、都道府県が向いている。種々のリスクが拡大し、リスク社会といわれる現代社会では、この面での都道府県の役割が大きくなる。

地域間再分配、リスクへの対応、小規模町村への対応などを理由とする都道府県の強化は、行政効率性の観点から正当化されうる。しかし、代表の論理からは都道府県の存在は、説明が難しい。広域事務の実態は、警察と教育のように財政調整の側面が強い。また、補完性の原則からは市町村が優先される。代表の論理から都道府県を正当化するのは難しい。

財政資源の配分は何を語るか

歳出額は、どの政策領域を担っているのかを目に見える形にする。もちろん、すべての政策領域で金銭が必要ではなく、規制政策のように伴わないものもある。したがって、これだけですべてが見通せるわけではないが、都道府県と市町村の違いや、時系列で見た変化を捉えるには、有効な着目点となる。

4－1は、都道府県と市町村の普通会計決算を用いて、政策領域ごとの支出を、一九七〇年から一五年ごとに区切って示した。これを見ると、一九七〇年代から九〇年代まで、少なくとも財政資源の配分で見る限り、都道府県にも市町村にも、大きな変化はない。各項目の傾向線はほぼ直線であり、項目間の配分比率にもほとんど変化は見られない。

4－1　都道府県と市町村の歳出額

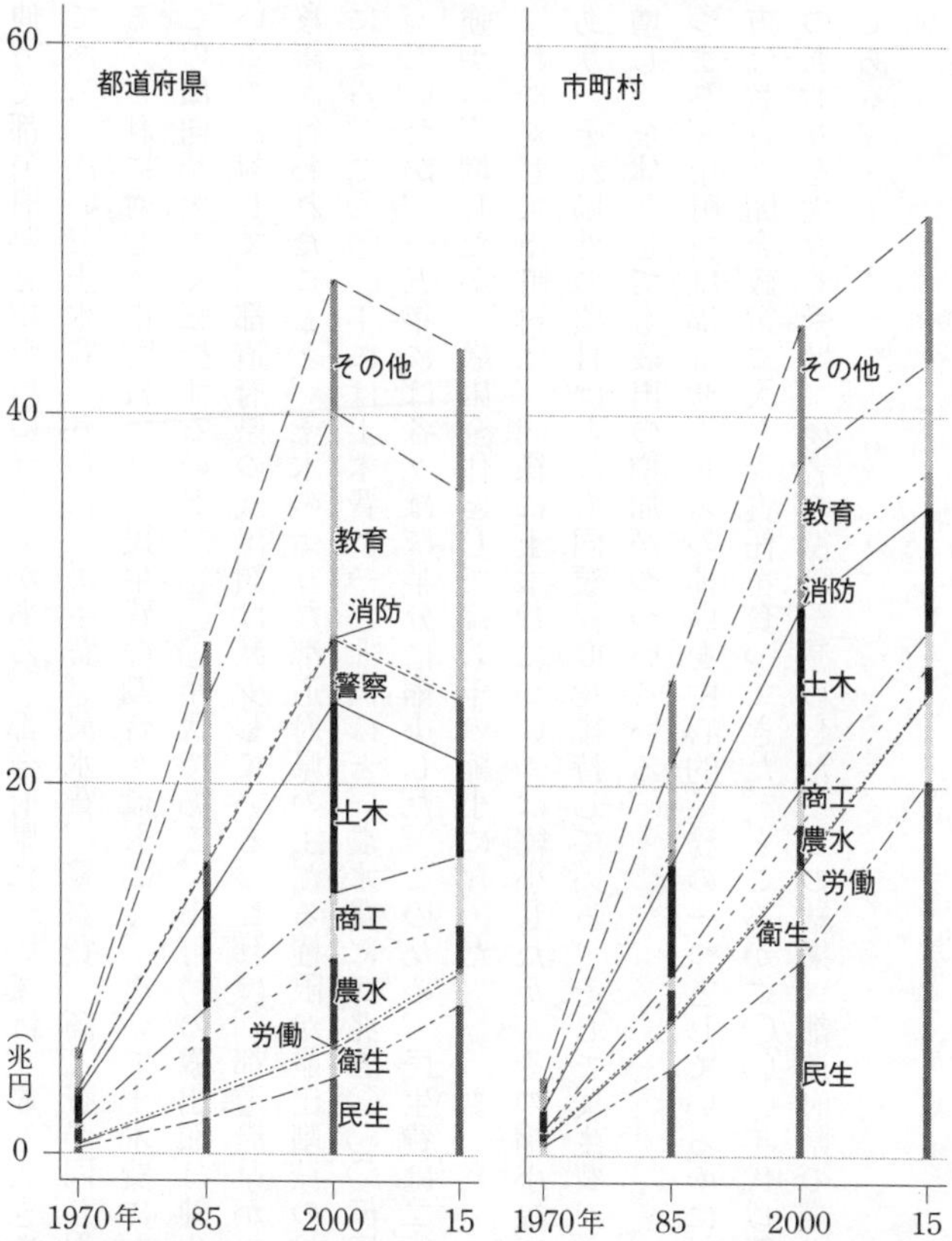

註記：警察費は市町村は該当しない．消防費は都道府県では東京都のみ．その他合計は議会費や総務費など
出典：総務省統計局『日本の長期統計系列』第５章財政および総務省自治財政局『地方財政統計年報』を基に筆者作成

他方で都道府県と市町村には違いがある。都道府県については、最も大きな歳出項目は教育である。次いで土木費、さらに、民生費、農水費、警察費、商工費が同じ程度支出されている。これに対して市町村では、民生費の割合が最も高く、次いで土木費になる。

この傾向が大きく転換するのが二〇〇〇年代である。市町村の歳出額は鈍化しつつも伸びているのに対して、都道府県の歳出額は減少している。これは、都道府県から市町村への権限移譲が行われたことと、土木のような都道府県の主たる権限が歳出削減の対象となったことによる。二〇〇〇年には土木費に一〇兆円ほど、農水費に四兆五〇〇〇億円ほどの支出を行っていたが、一五年には各々ほぼ半分に縮小した。このため、民生費は二〇〇〇年の四兆円強から倍増したが、歳出全体としては若干の縮小になった。

これに対して市町村は、同様に土木費については縮小したが、その縮小幅は三分の二ほどであり、それ以外の項目はどれも同額程度を維持している。そして民生費が一〇兆円強から倍増し、全体としても歳出の増加がつづいている。

つまり、市町村は福祉サービスの提供を中心的業務の一つとしているのに対し、都道府県の方は教育と開発政策に大きな責任を負ってきた。ところが二〇〇〇年代以降、公共事業改革のあおりを大きく受け、後者の役割を減らした。この結果、都道府県の歳出額が減少したのである。

公務員の配分から見る

金銭面での配分と人の配分は同じではない。インフラ整備のように外部への発注を行う場合は、人数に比して大きな額が動く。逆に、教育のように人手がかかるサービスの場合は、金銭以上に人員が多くなる。

都道府県と市町村それぞれ、どの程度の人々がどのような政策領域に従事しているのかを見てみよう。ここでは、福祉、警察、消防、教育、その他一般行政の五種類に職員を分けて見ていく。公営企業等会計部門にも職員は配置されているが、これは除いた。金銭資源の配分についても、この五つの区分に対応させて算出したものを掲げる（4－2）。データは二〇一五年度のものである。

まず、都道府県職員は一五〇万人弱であるのに対し、市町村職員は一〇〇万人弱である。ただし公営企業等会計部門に都道府県は八万人ほど、市町村では二八万人ほどが配置されているので、それを加えると、職員数の差は縮小する。

都道府県職員の圧倒的多数は教員であり、次いで警察職員となる。予算の比率以上に、職員はこれら二部門に集中している。この二つは労働集約的な公共サービスであるということである。逆に予算では、一般行政区分の部分が大きいが、職員数は都道府県職員全体の一〇分の一ほどである。ここでの歳出の多くは、委託や助成により民間企業などを通じて用いられていることがわかる。

4-2 都道府県と市町村の職員数と歳出額

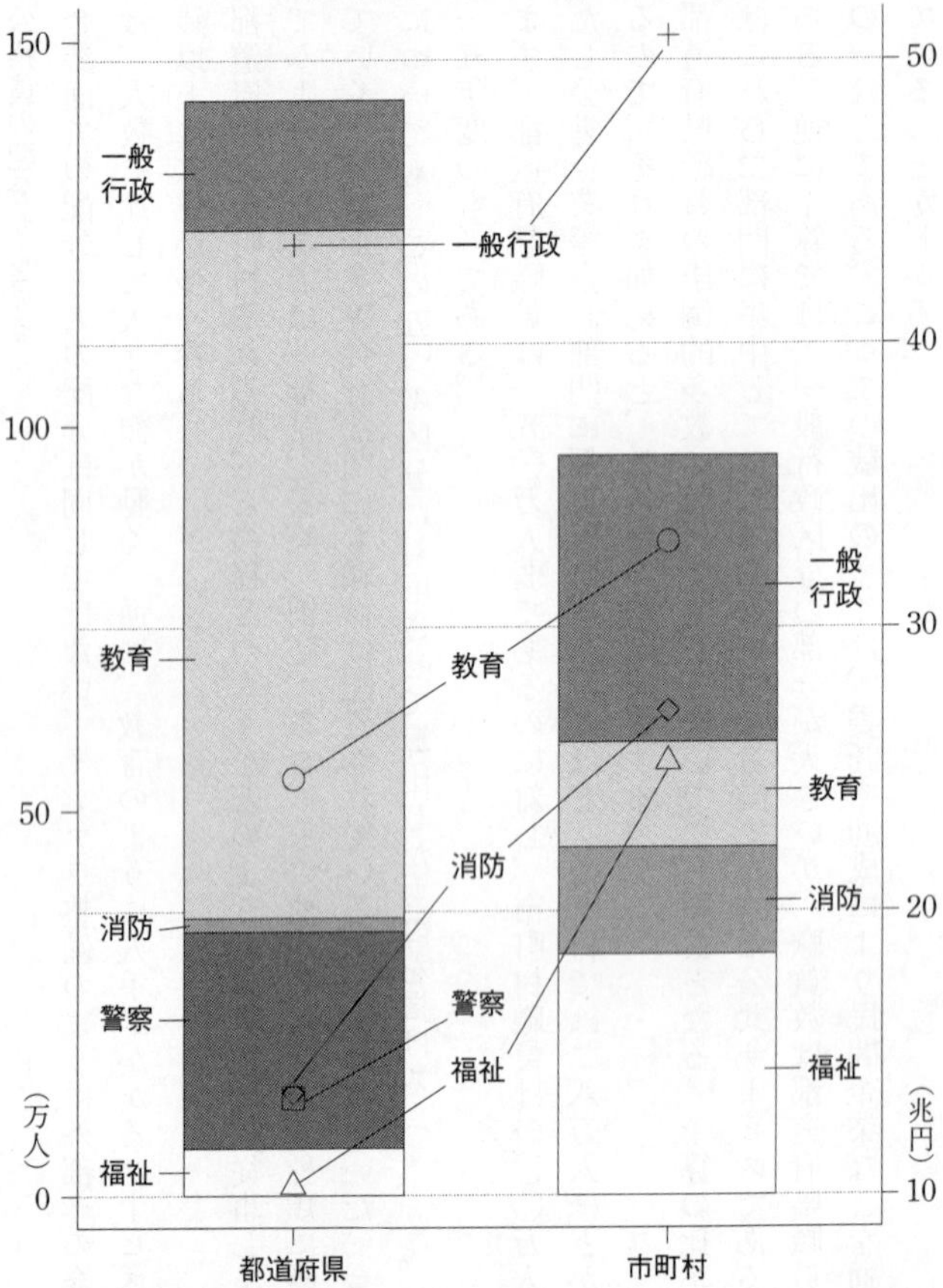

註記：棒グラフが職員数（左縦軸），記号は歳出額（右縦軸）．
出典：歳出額は先の表と同じ．職員数は総務省自治行政局公務員部給与能率推進室『平成27年地方公共団体定員管理調査結果』（2016年3月）に基づいて筆者作成

これに対して市町村は、福祉関係の職員が三〇万人を超えている。これと並んで一般行政職の職員数も同程度いる。予算の比率も同程度である。福祉サービスも予算の規模との比較でいえば、職員数は多くなく、都道府県の教育政策における職員・予算比率の方がずっと高い。市町村が福祉サービスを多く所管しながらも、間接的なサービス提供を行っていることがわかる。市区町村職員にとって、福祉団体との接触は都道府県への接触と同程度の頻度であり、平均すると週一回は接触があるという（久保、2010）。

他方、市町村の一般行政における職員・予算比率は、都道府県のそれより高い。都道府県よりは市町村の方が、公務員が直接一般行政サービスを担っていることがわかる。住民票発行などの公証業務を担っているためである。

まとめ直すと、都道府県は、教育の直接供給、警察の直接供給、一般行政による資金提供の三つの主な行政サービスを、市町村は、福祉の間接供給、一般行政の直接供給の二つの主な行政サービスを担っている。

3　なぜ都道府県は増減しないか

府県から都道府県へ

ここでは歴史的な視点から都道府県の歩みを振り返る。そこからは都道府県が再編成されなかった理由が見えてくる。

一八七一年の廃藩置県で誕生した府県は、明治政府による国家建設の重要な部分であった。廃藩置県後には東京、京都、大阪の三府と三〇二県であったが、一八九〇年の府県制制定時までには現在につながる三府四三県に整理される。内務省の地方下部機構として、中央からの統制を行き渡らせ、地方の実情を把握するために府県は位置づけられた（第5章参照）。

したがって、中央・地方関係における内務省の支配が揺らぐとき、府県も動揺を見せる。政府の役割が拡大する行政国家化が進み、中央の事業官庁の役割が大きくなると、府県の存在意義は怪しくなる。そこで、知事公選制の検討など、民主化による生き残りが模索される。また、国の機関をそこから分離し、「州庁」を置く案が一九二〇年代には登場してくる。府県は、住民と中央省庁の中間に位置するだけに、その存在は双方に引っ張られ、不安定に揺れる。

なお、北海道は府県とは別のしくみがとられ、国の地方機関として北海道庁、自治体としては、行政組織としての「北海道地方費」（県には県道があるように、北海道には「地方費道」があった）と議会としての「道会」が、府県会などより遅れて設置された。戦後になってからは他の府県と同様の存在となる。ただし、国の省庁として北海道開発庁が設置されたところは異なる。

東京府は一九四三年に東京都に移行した。この点は本章後半の大都市制度のところで述べる。

戦後改革後、府県に知事公選が導入され、内務省が解体されると、府県の不安定性はさらに高まる。阪奈和構想のように、各地域で府県の合併が盛んに論じられた。大都市制度とも絡みながら、府県廃止を伴う道州制の主張は、公式の答申にも示される。

一九五七年には、第四次地方制度調査会が「地方」案および少数意見としての府県合併案を示す。「地方」案は全国を七ないし九のブロックとするもの、合併案は既存の府県三つないし四つを合併するというものであり、いずれも既存の都道府県を改廃するものである。しかし議論はまとまらず、改革は見送られた。自治省が誕生する一九六〇年には、内務省の復活などがないことも明らかになり、道州制構想も潰《つい》える。これ以後、都道府県は現在まで、安定的に維持されている。

中央省庁の変動がある時期には、中央政府の政策実施機関としての性格が強い府県も不安定化し、中央省庁の変化が落ち着くと府県も安定する。そこからすると、一九九〇年代後半の橋本龍太郎内閣における省庁再編は、都道府県を見直す契機となっても不思議ではなかった。同時期に地方分権改革も行われていたのだから、なおさらである。しかし道州制などが地方分権改革で議論されることはなかった。地方分権の「受け皿」について、既存の都道府県・市町村体制を前提にすると改革の当初に決めていたためである。

なぜ維持できたのか——逆説的な安定性

市町村以上に人工物の性格が強い都道府県の方が、明治以来の四七都道府県（ただし、沖縄の占領期間中は四六）の体制をなぜ維持できたのか。

人々の意識に定着しているという説明では、変化しないことが安定性をもたらすというのに等しく説明にならない。さらに、先述したように、代表の論理からは都道府県の存在は説明が難しい。また、行政効率性の点からも理想的な姿にはほど遠い。たとえば、県境を変更しなかったため、人口規模で見た違いはきわめて大きなものとなっている。

それでも都道府県が安定している理由の一つは市町村にある。市町村こそが新たに生まれる行政需要の多くを受け入れてきた。だからこそ、市町村は合併を繰り返し要請された。戦後にわたって市町村の果たすべき責任は増加し続けてきた。結果として、保健・福祉分野の多くのサービス提供を市町村が担ってきたのは、他国と比べて日本の特徴となっている。

たとえば医療保険は、規模が大きい方が安定的に運営できるが、日本では市町村が提供主体となっている。戦前に起源のある国民健康保険を、戦後は市町村が実施していった。その基盤があったために、世界でも四番目に早く国民皆保険を導入することができた。さらに市町村による運営実績の積み重ねは、一九九〇年代の介護保険導入に際しても、市町村が担い手となることにつながった（北山、2011）。

もう一つは、政治面である。比例代表制を除き、個人候補者に投票する選挙区を考えると、参議院選挙区と都道府県知事に見られるように、都道府県は最大の選挙区である。衆議院の小選挙区を含めこれ以外の選挙区は都道府県よりも規模が小さい。このことから、政党の地方組織は都道府県を単位とする、いわゆる県連という形態をとる（笹部、2017）。経済団体や農業団体など各種の団体も都道府県を単位とする。都道府県は、社会・経済から政治にまたがる組織化の範囲として機能している（建林、2017　砂原、2017）。

都道府県は、中央による地域統治機構という人工物として出発したが、それを単位とした共通利害が成り立つ一つの地域としての性格を備えてきた。振り返ると、日露戦争の頃から、中央からの利益誘導を通じて成長を図る存在へ、府県の性質は変わってきていた。政党が成長し、府県の議員にも浸透していったのである（飯塚、2017）。地域の共通する利益を代表し、実現していく単位に府県がなり、地域社会に根ざした地方政府としての性格を備えたことが、都道府県の安定性をもたらしてきた。

しかし、地域の共通利益をまとめ、国に対して働きかけていくという役割は縮小している。政治の役割をそこから転換しなければ、都道府県の存在は不安定になるだろう。先に見たように、都道府県の役割は、都道府県内部での地域間再分配やリスクへの対応で拡大している。そしてそれは本来、行政の論理だけではなく、政治的決定の対象となるべき問題である。

4　市町村合併——明治、昭和、平成の大合併

繰り返される合併——サービス供給能力の重視

地方政府の規模の見直しが需要と供給どちらの理由で要請されるのか、その解決策として吸い上げ、連携、合併のいずれをとるのかを組み合わせると、六つの形態が考えられる。このうち、日本では、供給側の理由に基づいて合併を行うという選択肢をとってきた。それゆえ、合併は中央政府の働きかけに応じて、一定の期間に集中して進められる。これまで、明治、昭和、平成の三度にわたり、全国的に合併が推進された時期があった。

供給側の理由として、具体的にどの公共サービスが念頭にあったのかは、三回にわたる合併によって異なる。明治と昭和の合併は、市町村が新たに担うようになった公共サービスの増加に、どのように対応するかが課題であった。これに対して平成の合併では、同様の側面に加え、地方財政制度の見直しが関わっている。

裏返すならば、合併の理由が、需要側にはないからこそ、特定の時期にだけ合併が集中する。もし、都市化の進展に伴い、地域社会が拡大したことが合併の原因であるならば、都市ごとに合併が生じた時期は違うはずである。しかしそうしたことは見られない。

国が推進する時期に合併は限られるため、それ以外の時期には、合併以外の対応策がとら

れる。日本の市町村では、第二の連携・協力の方法もよく用いられる。利用を容易にするよう、協議会、機関の共同設置、事務委託、一部事務組合、広域連合などさまざまな制度がある。しかし、実際に利用される制度は一部であり、対象となる公共サービスも、福祉や消防、廃棄物処理などに集中している。

自治省・総務省は、連携・協力方式や合併手続きのさまざまなメニューを用意し、促進に努めてきた。しかし、これらの採用や合併を行うか否かは、最後は地方政府の判断である。国が強く働きかけても、すべての地方政府が合併を選択するわけではない。合併をする地方政府とそうではない地方政府の違いは何に起因するのか。合併の諸相を詳しく見ていこう。

明治の合併と昭和の合併

明治の合併と昭和の合併は、新たな地方制度の導入に伴い、権限の再配分が行われたことを受け、中央政府が主導して進めた。明治の合併は、市制町村制の施行に伴い、戸籍、教育、土木、徴税といった業務を担うようになったことを受けている。昭和の合併は、戦後改革で、新制中学校の設置管理のほか、消防と警察（ただし警察はのちに都道府県に移される）、福祉・衛生関係の多くの業務が市町村の担当となったことを受けている。

新たな業務を担うには既存の町村は小規模に過ぎたため、合併が進められた。したがって目標規模が設定される。明治の合併では町村合併標準提示（一八八八年六月）で三〇〇から

4－3　市町村数と平均人口の変化

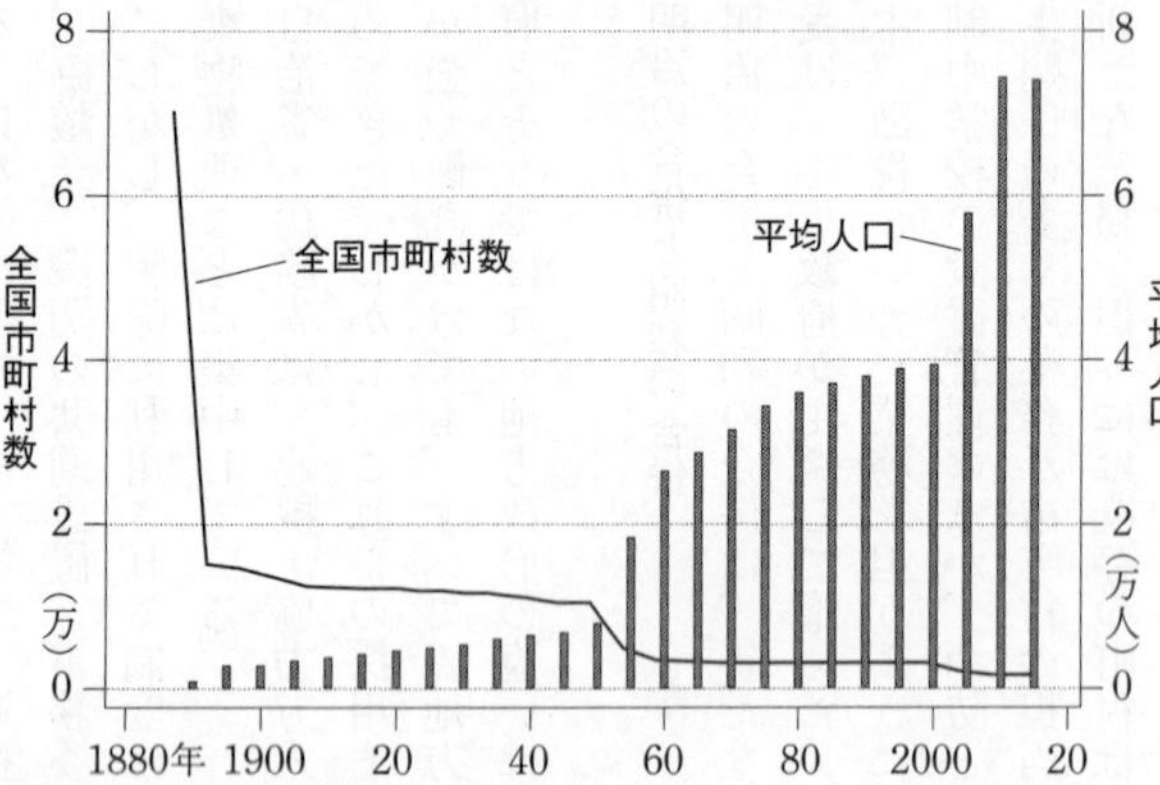

出典：総務省統計局『国勢調査』，総務省ウェブサイト「市町村数の変遷と明治・昭和の大合併の特徴」（http://www.soumu.go.jp/gapei/gapei2.html），内閣統計局「明治五年以降我国の人口」を用いて筆者作成

五〇〇戸が標準規模とされた。昭和の合併では、町村合併促進法（一九五三年一〇月施行）の第三条で、八〇〇〇人を標準とするとされた。

この結果、市町村の数は、一八八八年に七万一三一四であったものが翌年には一万五八二〇と約五分の一になった。その後、徐々に合併が進められ、戦後の一九四五年一〇月の時点で一万五二〇だったものが、一九五六年四月には四六六八、さらに六一年六月には三四七二、すなわち約三分の一に減少した。その結果、市町村数と平均人口規模は4－3のように変化している。

昭和の合併は明治の合併と異なり、合併の最終判断は市町村の側に委ねられた。合併をめぐって集落を単位とする激しい対立が生じたところも多い。合併に伴い分村や分町をしたところも少なくない（新垣、2010）。合併をしたところでは、選挙における町内会や部落会の役割が低下するとともに、市町村内の利益は多元化し、商工業と農業の対立が強まった。それを調整するために計画行政が登場し、首長の役割が拡大する。また、行政組織の規模が拡大し、課制をとるところが増えた（佐藤、2002）。

昭和の合併は、政治面では戦後民主制を、行政面では福祉国家化を支える行政機構を市町村レベルに定着させた。高度経済成長に向かう日本で、市町村がその一部を支える基礎を築いたのである。

連携の難しさ――ゴミ焼却・埋め立て

市町村の合併は全国的に一時期にしか進まないが、それ以外の時期にも都市化の進展や人々の移動の拡大、新たな業務の開始はつづき、対応が必要となる。

とりわけ、高度経済成長期を通じて行政需要が高まっていく際、さまざまな連携が模索されていく。市町村道を接続して広域道路網を整備したり、居住地域の拡大にあわせ隣接市町村からの通学を受け入れたり、介護保険のように専門性の高い業務を新たに抱えたとき、共同での処理方式を開発したり、さまざまな課題に種々の方法が用いられてきた。

他方で、他国では市町村の連携で処理される多くの業務も、日本では市町村が単独で処理している。たとえば、ゴミの収集はどの国でも基礎自治体が担う業務の代表例だが、焼却や

4－4　多摩地域（東京都）の清掃工場の立地

出典：清掃工場検索地図（https://gomi-map.net）

埋め立て処理まで市町村が単独で行うところは珍しい。日本の焼却炉数は一八〇〇余りにのぼり、フランスの二七〇やアメリカ、ドイツ、イタリア、イギリス、カナダなどいずれも二〇〇程度以下と比べ格段に多い（八木、2004）。焼却処理の比率が高いことに加え、市町村が単独で処理することが多いためである。

　ゴミ焼却場は地域住民からは迷惑がられる施設であり、他の町のゴミを引き受けることへの反発は強い。

　たとえば、東京都の武蔵野市と三鷹《みたか》市は、以前は三鷹市にある共同焼却場で処理していた。武蔵野市と三鷹市の人口・面積（二〇一五年度）はそれぞれ、一四万人・一一平方キロ、一九万人・一六平方キロほどであり共同処理が効率的である。しかし、三鷹市での反対運動を経て、武蔵野市も単独で焼却場を建設した（金、2016）。

また、小金井《こがねい》市・調布《ちょうふ》市・府中《ふちゅう》市は、衛生組合による処理を行っていたが、対立関係が生じ、枠組みを解消した。新たな処理施設が決まらなかった小金井市は八から九にも及ぶ周辺自治体に委託料を払いながら処理を依頼する。自転車操業からいかに脱却するかは、二〇一一年市長選の主要争点となった（饗庭・東京自治研究センター、2015）。現在では、多摩地域のゴミ焼却場はいずれも市の境界線上に位置している（4-4）。

他の地域の負担を背負うことが住民の目に見える場合、連携を行うことは難しい。いわゆる迷惑施設は、「自分の裏庭はやめてくれ（NIMBY: Not In My Backyard）」と皆が思うため、建設が難しいが、そのような場合は市町村間連携も難しくなる。

平成の合併——明治・昭和と異なる理由

一九九九年（平成一一年）に合併特例法が制定され、平成の合併が開始した。町村から市への移行は通常五万人を要するところを三万人に、市から指定都市への移行は通常は実質一〇〇万人を基準とするところを七〇万人に緩和した。また、合併しても議員定数をすぐには削減しなくてもよいことや、交付税額を合併により急減しないようにする対応がとられた。さらに、条件が有利な合併特例債による財政支援も与えられた。二〇〇五年三月末までの申請、翌年三月末までの合併成立が合併特例債発行の条件だったため、駆け込み合併が相次いだ。

4-5　人口規模別に見る平成の合併の進展

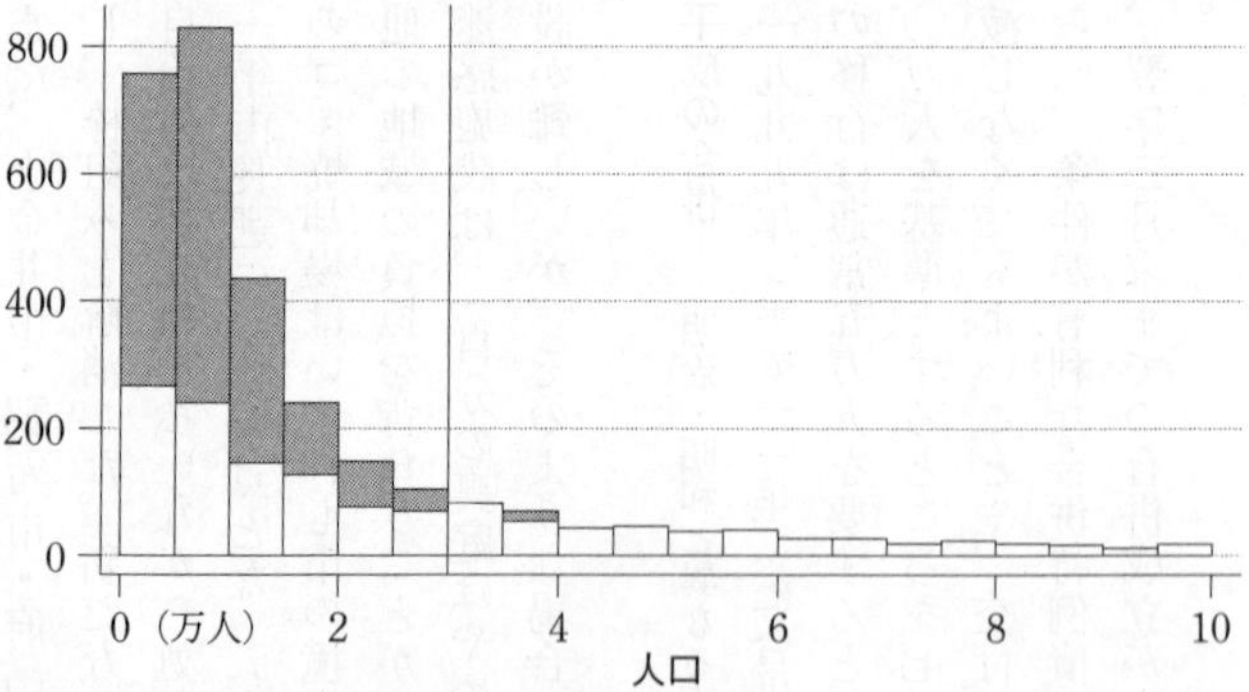

註記：5000人刻みで該当する市町村数を縦軸に示した．10万人以上については図から除いている．白が2015年，薄いグレーが2000年
出典：総務省統計局『国勢調査』都道府県・市区町村別統計表を基に筆者作成

国の主導により多くの市町村が一時期に合併した点は、明治の合併や昭和の合併と同じだが、異なるところもある。

第一に、合併によって市町村が新たな権限を持ったわけではない。

一九九五年から第一次地方分権改革が進み、一九九九年には分権一括法が成立していたが、改革を受けて合併が進んだのではない。第一次地方分権改革は、権限の再分配や都道府県と市町村の能力・規模の問い直しを行わないという方針で進められたからである（第5章参照）。

第二に、目標規模が設定されていない。

政権与党の協議会で市町村数を一〇〇〇とする目標は示されたが、これは規模を示すものではない。一〇〇〇という目標もその後を規定しなかった。結果としては、一九九九年四月に三二二九あった市町村は、二〇〇六年度末に一八二一まで減少し、一八年一〇月現在では一七一八の市町村が存在している。合併した大半は人口三万人以下の町村であった（4-5）。

第三に、明治・昭和の合併は全国で進められたが、平成の合併は地域差が大きい。一九九九年から二〇一〇年の市町村数の減少率が七割を超えたのは、新潟県（一一二→三〇）、広島県（八六→二三）、愛媛県（七〇→二〇）、長崎県（七九→二一）である。この他にも、合併が大きく進められた県は西日本に多く、島根、岡山、山口、香川、大分の各県は市町村数の減少率が六割を超える。逆に、東京都や大阪府では、合併事例は一つだけ、減少率も二％程度にとどまる。

小規模町村が主たる対象であり、こうした違いは当然に思える。しかしそうした町村を多く抱える道県で、合併が進まなかったところも多い。北海道一五・六％、福島県三四・四％、長野県三五・八％、奈良県一七・〇％、高知県三五・八％といったところである。結果としてこれらの道県では、現在でも人口一万人未満の町村数が五割程度を占めている。

なぜ国は合併を進めたのか

平成の合併が持つ三つの特徴から、つぎの三つの疑問が浮かぶ。

第一に、なぜ、中央政府は合併を進めたのか。地方分権改革の一環ではないならば、どのような力学が働き、中央政府は合併を進めたのだろうか。第二に、どのような市町村が合併を行い、どのような市町村が合併を選択しなかったのか。第三に、合併はいかなる効果を生んだのか。

中央政府が合併を進めた理由について、見解は二つに分かれる。行政が主要因という見方と、政治が主導したという見方である。

前者の見方は、財政再建のために歳出抑制を求める大蔵省・財務省が、小規模町村への財政補助の見直しを求めたことに出発点を見出す。地方財政を所管する省庁は、省庁再編を経て自治省から総務省となり、地方政府の代弁者の性格を弱めていた（島田、2007）。また、都道府県の縦割り行政を調整するものとして重視された「総合性」を、総務省は市町村レベルにも推し進めた。これにより合併の正当化を図った（市川、2011）。

これに対して、後者の見方は、選挙制度改革の結果、国政政治家の集票戦略が変化したことを重視する。

衆議院が中選挙区から小選挙区を中心とする制度に変更され、区割りを通じ一票の格差も改善された。これにより自民党の集票力は農村部分で過剰になり、都市部では不足する（ローゼンブルース他、2011）。都市部に支持基盤のある公明党との連携を深めたのは、その対応策の一つだが、加えて、都市の有権者への支持を広げる政策に転換する必要があった。その一つが、市町村合併であった。都市有権者へのアピールとして、非効率な町村の行政機構を改革する手段として市町村合併が用いられた（今井、2008、大森、2008）。

財政再建のためならば、財政移転額が大きい市町村への移転を削減することが課題となるはずである。小規模な町村は、財政移転に頼る割合は大きいが、もともとの規模が小さく、移転額も小さい（今井、2017）。行政の論理だけでこれを説明はできず、政治家たちによる選択という側面があったことは否めないだろう。

合併を選んだ市町村、選ばなかった市町村

第二の疑問に移ろう。どのような市町村が合併を行い、どのような市町村が合併を選ばなかったかである。

全国の市町村を対象とした計量分析では、人口が小さいほど、人口減少率が大きいほど、そして財政力が低いほど、合併する傾向が見受けられる（北川、2003）。逆に人口が大きく、増加しており、財政力も豊かな市町村は合併を選ばなかった。しかし、人口が小さな市町村のすべてが合併を行ったわけではない。

合併は関係する市町村すべての合意が必要である。合併の意向があっても周辺市町村が受け入れなければ、合併は成立しない。このため、市の場合は人口三万から五万のところが法定協議会への参加が多い。これに対して町村では、人口一万未満の参加が多い。財政状況が悪い市は敬遠されるとともに、町村でも財政状況がよい場合は、合併に参加しない（水田、

2005)。

合併自治体の組み合わせを考慮に入れた計量分析によれば、合併しようとする市町村内で最大の人口を持つ市町村が周辺よりも圧倒的に大きいほど、合併は成立しやすい。しかしそうした市町村の財政力が弱い場合、合併は不成立に終わる(城戸・中村、2008)。

さらに、合併交渉の過程は、足し算型と引き算型の二つに分けられるという指摘もある(河村、2010)。足し算型とは、これまでの市町村間連携とは別に、全国的な流れを機に検討がはじまり、関係市町村が合併に意義を見出した場合に成立する。引き算型では、交渉を既存の市町村間連携の枠組みからスタートさせ、離脱する市町村も出てくる。交渉を決裂させると、それまでの連携も難しくなることが考慮されるため、交渉の成立可能性は高まりやすい。

先に掲げた4－5は、人口五〇〇〇人から一万五〇〇〇人までの市町村が、最も合併を進めたことを示している。人口が五〇〇〇人までの町村はそれよりも合併が進まない。この結果、最も多い人口規模の類型は、平成の合併以前は人口五〇〇〇から一万人の類型だったが、合併後は、五〇〇〇人以下のところに移っている。

財政的効果のプラスとマイナス

第三は、合併がいかなる効果を生んだかである。市町村の規模はいかなる効果を持つのかという問いに置き換えて考えてみよう。合併は規模を大きくするので、規模による違いから合併の効果を推測するのである。

市町村の人口を横軸、住民一人あたりの歳出額を縦軸にとり両者の関係を調べると、U字型の関係が見られ、底になるのは人口二〇万から三〇万人程度である（吉村、1999）。どこの市町村でも、提供している公共サービスの質や量に違いはないならば、歳出額が小さいほど効率的といえる。日本の場合、政策面での差異は小さく、人口二〇万から三〇万人程度が最も効率的だといえそうである。

しかし、それほど事は単純ではない。人口規模だけで効率性が実現するわけではない。区域が広がりすぎては効率的な運営は難しい。地理的な条件も関係する。合併の効果は合併前後の変化を見なければわからない。合併は規模を拡大する以外に、さまざまな変化をもたらす。それらの効果をあわせて見る必要がある。

合併に伴う規模以外の変化には正負の両面がある。

正の効果は、合併を機に、組織の見直しや業務の進め方の見直し、提供する公共サービスの質と量の見直しが行われることで、効率化や住民の意向に沿った方向へ変化することがあげられる。

負の効果は、一つには、合併前に、いずれ合併するのだからと考えて、放漫な経営をするモラルハザードの発生である。もう一つは、合併後に、異なる組織の出身者同士が対立し、組織の統合が進まないことである。これは企業合併でも起こるが、地方政府にもあてはまる。

財政データを用いた計量分析は、つぎの点を明らかにしている。まず、モラルハザードはたしかに存在する。中心都市へのフリーライド（ただ乗り）が容易な人口規模の小さい市町村ほど、合併成立の前の時期に、地方債を増大させている。合併に伴い、合併特例債の発行が可能なこともあって、合併した市町村の方が地方債残高も増加しやすい。地域内所得格差が大きいほど、また編入合併よりも新設合併の場合に、残高はより大きくなる。合併に関わる市町村が多いほど、歳出総額が合併後増える傾向もある（中澤・宮下、2016）。

合併の効果とは、本来、実際に合併した市町村が、仮に合併しなかった場合、どのような状態となっていたかと比べて、初めてわかる。そうした厳密な分析でも、日本の平成の合併の場合、モラルハザードがあったという結果が得られている（Hirota and Yunoue, 2017）。

他方で、デンマークを対象とした分析では、合併による効率化は初年度には生じないが、二年ないし三年経つと起こりはじめるという分析もある（Blom-Hansen et al., 2014）。合併全体の財政効果は、事前のモラルハザードと事後の数年間にわたる効率化の両方を見なければわからないのである。

合併による政治的効果

市町村合併の効果は経済的なものだけではない。政治的にも影響を与える。合併は自分たちの町の今後を左右する大きな争点である。したがって、合併をめぐって人々の政治的関心や意欲が高まることがある。

他方で中長期的には、逆の効果が想定される。規模が大きくなると遠い存在に感じ、政治参加の意欲が薄れるからである。合併した新しい町に愛着を感じられないこともある。それゆえ、合併した地域は投票率が低下することも多い（矢野他、2005）。合併をめぐり政治関心が高まったところは限定的であり、全体としては合併による規模の拡大は、政治参加の程度を下げる。

加えて、新設合併後の市長選挙では、無投票当選が多い。話し合いにより候補者調整が行われるためである。ただし、合併をめぐり政治が活性化したところは、その後の経過も異なる。合併して選挙が戦われた場合の市長選挙の投票率は、合併が行われていない場合よりも高くなる（平野、2008）。

議員たちの再選戦略にも変化が生まれる。

市町村議会の議員は、合併により当選ラインが上がる。無所属で、自分の出身など地域に基づいて集票していた議員が、どのように上積みを獲得するかが課題となる。政党の協力を得る方が当選しやすい可能性も出てくる。合併を経験し、市町村議会の規模が大きくなった場合、党派に属する議員の割合が高まることが確認されている（Matsubayashi et al., 2015）。合併に伴う市町村議会議員の減少は、国政政治家の再選戦略も変える。自民党の国会議員は、市町村議員と系列関係を築いて集票してきた。どれだけの票が集められたかに応じて利益誘導を行うことは、住民との距離が近い市町村議員が介在することで可能だった。一九九〇年代まで、人口あたりの地方議員数が多い地域ほど、自民党の国会議員の得票は多かった。地域間での集票に応じ、インフラ整備などの利益供与が行われる「逆説明責任」体制が成立していた(斉藤、2010)。

ところが、市町村議会の議員数は劇的に減少した。合併がはじまる二〇〇三年の時点で五万六五〇〇人ほどあった議員定数は、二〇〇七年には三万六〇〇〇人へと四割も削減された。このことは自民党国会議員にとって、従来の集票戦略の喪失を意味する。実際に、合併した市町村、とりわけ市町村議員が減少した地域では、自民党国会議員の得票率は低下した(斉藤、2011)。

また、一九九六年に誕生した民主党は、その成長過程で、市町村議員が急激に減少したため、地方組織を整備しないまま、国会議員中心の政党となった。地方組織の不在は選挙運動や候補者のリクルートを全国的に、持続的に行ううえでの障害となった(上神・堤編、2011)。

5 指定都市・中核市と大阪市の挑戦

大都市制度としての都制

合併をいくら進めても、市町村の規模には大きな違いが残る。小規模町村を合併しても、他方で、大都市の人口がそれ以上に伸びれば、差は拡大する。そこで、規模に応じた違いを設けるかどうか、別の言い方をすれば、市町村のなかで権限や財源に違いを認めるのか、それとも画一的なものとしておくのかは制度設計の一つのポイントとなる。

日本の市町村に関する制度は、画一性を重視する。首都圏への人口集中がつづき、横浜市のように人口が三七〇万を超えても、市を分割しないので、規模の格差は大きくなっている。それでも、基本的には市町村に差をつけない。

執政制度や選挙制度の多様性を認めないことと相まって、権限についても同じ市であれば同じだけの権限を持たせ、それを担うことができるだけの財源を保障していく方向である。税源についても画一的な税制を敷いたうえで、調整をすべて地方交付税で処理している。

第3章でも述べたように、大都市と周辺部の便益と負担のズレを調整する大都市制度は、都制しか存在しない。都制は東京市と東京府を合同することで成立したが、実態はほぼ東京市の継承であり、職員なども市の職員がほとんどだった。当時の府は国の下部機関でもあり、東京都になるときに職員は内務省などに戻ったのである。しかし、形としては府県と同レベルの部分が残ったので、東京府が名をとり、東京市が実を取った形となる。

裏返しに、特別区の位置づけは不安定であった。区長が公選となったのは、一九七四年の地方自治法改正以降にすぎない。都の内部団体という位置づけから地方公共団体（ただし、特別地方公共団体）として位置づけ直されたのは、二〇〇〇年の地方自治法改正によってである。現在は、一般の市にかなり近い存在となっているが、大都市制度として違いも残る。

特徴の第一は、税財政にある。一般には市町村の税となっている一部が都税として集められている。さらにその一部を原資として都区財政調整制度が設けられており、二三区内の再配分が行われている。

第二に、権限配分の違いがある。これも通常ならば市町村の事務となっているものの一部が、東京都によって担われている。上下水道や消防はその例であり、二〇〇〇年まではゴミ収集もそうであった。また、区の間の調整、都区間の調整を制度化するものとして、都区協議会が設置されている。

特別市制度の要求と挫折

戦前には、東京市を含め、横浜、名古屋、京都、大阪、神戸といった六大市が大都市制度の導入を要求してきた。一八八八年に市制が導入されたが、翌年の市制特例によって、東京、京都、大阪の三都市は、市会が市長候補者を推薦するのではなく、府知事が市長の役割を担うなど、内務省の監督を強く受けることとなる。つまり、三市はマイナスの地点から、自らの権限や財源を拡充していく運動をスタートした。運動の影響もあり、九年後の一八九八年には三市の特例は廃止された。その後は逆に、一九二二年、六大市については、府県の知事の監督が緩和されるなど、大都市の権限は拡充される。この時期以降、人口が急激に増大するなかで、積極的な都市経営が進められ、大都市はさらなる権限と財源を求める運動をつづける。

都制が導入されたことで五大市に担い手は変わったものの、運動は戦後もつづいた。一九四七年四月に公布、翌月施行された地方自治法では、ようやく特別市の制度が導入された。これは特別市に都道府県の権限と財源を与えるものである。特別市は都道府県の区域外とされ、特別市そのものが都道府県の権能を持つこととされた。特別市には行政区が置かれ、区長は公選とされたが、区会は設置されない。大都市部では都道府県が不在となり、大都市内の区も地方政府未満の存在となることから、実質的な一層制といえるものだった。

指定都市制度へ――府県と五大都市の妥協点

しかし特別市は実際の指定を見ないままに終わった。関係府県の強い反対もあり、地方自治法施行の約半年後、一九四七年一二月に改正され、当該市を含む都道府県全体による住民投票で過半数を得ることが指定に必要とされたからである。

五大市の側はもちろんこれに反発する。府県と五大市の対立のなかで、妥協点を見出す必要があった。その結果が、一九五六年に導入された指定都市制度である。指定を政令で行うことから、一般には政令指定都市や政令市とも呼ばれる。指定都市は権限の移譲を受けるが、

4-6　指定都市一覧

移行年月	名称（指定時人口，万人）
1956年9月	大阪（254.7），名古屋（133.7），京都（147.5），横浜（114.4），神戸（97.9）
1963年4月	北九州（104.2）
1972年4月	札幌（101.0），川崎（97.3），福岡（85.3）
1980年4月	広島（85.3）
1989年4月	仙台（85.7）
1992年4月	千葉（82.9）
2003年4月	さいたま（102.4）
2005年4月	静岡（70.7）
2006年4月	堺（83.0）
2007年4月	新潟（81.4），浜松（80.4）
2009年4月	岡山（69.6）
2010年4月	相模原（70.2）
2012年4月	熊本（73.4）

出典：総務省『指定都市制度の概要』
(http://www.soumu.go.jp/main_content/000450998.pdf)

都道府県の区域外とされるわけではない。また、指定都市には区が置かれるが、これは純粋な行政組織であり、通常の市の支所などと違いはない。区長は市長が任命するものであり、区議会も置かれない。つまり、原則として他の市町村と同様の二層制が維持される。

指定都市は、都道府県の権限の一部を移譲される。地方自治法第二五二条の一九には、福祉、衛生・医療、土地区画整理事業と屋外広告物規制に関する合計二〇の事務が掲げられており、政令でさらに具体的に定められる。これ以外に道路法や都市計画法など個別法で移譲される権限も都市計画分野、環境分野に多い。また、都道府県の監督の一部も、政令の定めにより受けなくなる。しかし、地方道路譲与税以外に財源の移譲などは行われず、地方交付税の増額により調整を行う。

一九五六年九月の改正地方自治法施行と同時に政令で五大市が指定都市となった。その後、4-6にあるように順次、指定が増えていき、二〇一八年現在では二〇の指定都市が存在する。指定都市への移行要件は、法文上は五〇万人とされるが、実際の運用では一〇〇万人ないし、その見込みがあることとされてきた。その後、平成の大合併の際、合併を促進するため、合併を行う場合には七〇万人での移行を認めた。すべては運用によるので、実際には自治省・総務省との協議次第ということになる。基準を明確にしないことで、道府県をはじめとする関係者の了承を取り付けながら、移行を進めていく（北村、2013）。

妥協の産物だけに、大都市と道府県の双方が完全には満足しないにしても、まったく不満足でもなく、制度として継続している。しかし、指定都市への移行要件が不明確なことは、指定都市の性格を曖昧にした。とりわけ、合併促進策、つまり他の目的の手段として位置づけられたことで、指定都市という制度の本来の目的との整合性は失われた。

時に「薄皮一枚」と称されるように、指定都市に対して都道府県が関われる部分は少ないが、それでも指定都市制度によって、全国的に同一の都道府県・市町村という二層制が維持された。指定都市の大半は道府県庁所在地でもあり、それぞれが公選の知事と市長を抱えることから、指定都市と道府県の関係は、実際には協調にせよ対立にせよ深く、相互の独立性が強まるわけではない。府と市を合わせて「ふしあわせ（不幸せ）」といわれたり、逆に「府市協調」が謳《うた》われたりする所以《ゆえん》である。二重行政が問題視されるのも同根である。

中核市と特例市――二〇世紀末の新たな展開

指定都市制度を除き、すべての市を同一に扱うというしくみが、戦後長らく維持されてきた。これを変えたのが中核市と特例市である。いずれも、指定都市ほどではないが、都道府県の権限の一部を移譲するものである。指定都市へ移譲される権限から、都市計画に関する権限、児童相談所の設置、県費負担教職員の任命や給与の決定を除いたものが中核市の権限、そこからさらに、屋外広告物規制、環境保全関係の事務、保育所や介護サービス事業の認可、保健所設置や飲食店営業等の許可を除いたものが特例市の権限となる。財源の移譲はなく、交付税の増額により財政上の調整は行われる。

中核市は一九九六年から施行され、現在に至っている。特例市は二〇〇〇年に施行され、二〇一四年の地方自治法改正により、中核市に吸収された。特例市ならびに現在の中核市への移行の要件は、人口二〇万人以上である。かつての中核市の要件は、発足時が一番厳しく、人口三〇万人以上で昼夜間人口比率が一以上か人口五〇万人以上、加えて、面積が一〇〇平方キロメートル以上であった。これが徐々に緩和されてきた。

移行に際しては、都道府県議会と市議会の議決を経たうえで、申請を行う必要がある。条件を満たせば自動的になるわけではない。二〇一八年四月一日現在で五四市が中核市となっている。他方で、特例市だったが中核市に移行していない市（施行時特例市という）が三一ある。このほか、人口二〇万人以上で特例市にも中核市にもなっていないところが、東京都の町田《まちだ》市や府中市など一〇ほどある。

権限の移譲は行われるが、財源の移譲は行わない点で指定都市制度と同様、二層制には手をつけることなく、都道府県から市町村への権限移譲を法制化するものである。したがって、市から見ると、地方交付税の増額と与えられる権限を両にらみしながら、メリットの方が大きければ中核市を選ぶことになる。現在のところ、中核市となるものとそうでないものがほぼ同数なのは、そうした結果だろう。

大阪都構想から大都市特別区法へ

指定都市や中核市・特例市といった制度は、都道府県・市町村という二層制を崩すことなく、また、国が制度設計をするところに特徴がある。都道府県と市町村の間の線引きを国が決めているのだ。そこからすると、大阪都構想に端を発し、二〇一二年八月に成立した大都市地域における特別区の設置に関する法律（以下、大都市地域特別区設置法）は、画期的といえる。

この法律は、単独で、あるいは隣接市町村を加えて人口二〇〇万以上となる指定都市を対象に、当該市（および隣接市町村）を廃止したうえで、特別区の設置を認める。しかしこの法律では、特別区の権限や財源については一切の定めがない。特別区設置協議会を設置し、協定書を作成し、それを議会が承認し、住民投票にかけるといった導入手続きのみを定めた法律である。権限や財源の中身は、国ではなく、道府県と指定都市の協議により決めることとなる。

大阪都構想の出発点は、第3章で見たように、中心都市としての大阪市が抱える過重な負担と周辺都市の便益のズレの解消であった。堺市や周辺市を含めた都区への再編を構想したのである。しかしその後の経過では、都市内分権の要素が強調されていく。特別区に権限を下ろし中核市並みの権限を付与することが謳われる。大都市地域特別区設置法は、現行の東京二三区のように都の方が道府県よりも多くの権限を持つことも、その後具体化された大阪都構想のように区の権限を非常に強くすることも、制度としてはどちらも許容する。どちらにするかは関係する地方政府の政治的意思決定に委ねられている。

大都市地域特別区設置法が制定されたことは、大阪府知事から大阪市長に転身した橋下徹および大阪維新の会の一つの功績といえる。地域政党として出発しながらも、国政進出によって、国政政党の協力を引き出した。もっとも、すでに都道府県から市町村への権限移譲が多様な形で進められていることからすれば、都道府県と市町村の線引きは国の手を離れつつある。実態を追認しつつ、そこに主体としての道府県と指定都市を載せたものといえなくもない。

実際に特別区設置を実現するハードルは高い。具体的な制度設計を行ったうえで、議会と住民投票の双方での過半数をとらなければならないからである。議会の過半数をとりつつ、住民投票の過半数もとれる具体案を作成することは容易ではない。総論では賛成であっても、区の名称や数を示した具体案になると、同意できない部分や懸念が出てくる。すると現状が維持されやすいからだ。

大阪都構想が実際にたどった道筋もそれであった。大都市地域特別区設置法の成立を受け、府と市の特別区設置協議会が協定書作成に入る。五区か七区かという区の数と、北区・中央区の分離か合体かを焦点として、さまざまな区割り案が検討された。設置協議会で各派が反対を示し出す。それに対抗するため、橋下は出直し市長選を二〇一四年三月に行い、再当選後、協議会の過半数を確保した。五区・分離案が採択され、協定書が決定される。だが、二〇一五年五月の住民投票では、投票総数一四〇万票のうち一万票ほどの差で反対が上回り否決された。橋下市長の退陣後、二〇一七年六月に再び協議会が設置され、再度検討が進められている。

今後のゆくえは予断を許さないが、道府県と指定都市が制度設計を行う必要があるので、双方が同じ政治勢力によって担われるとともに、市民の同意を調達できなければ実現はできない。そして、具体的な中身について多様な可能性が許容されており、制度設計の幅は広い。特別区にどの程度の自律性を持たせるのかを、区割りと財政調整制度のしくみをあわせながら考えること、また、府が担う役割と区が担う役割の分担と財源や人員を整合させることが必要である。

大都市における基礎自治体のあり方と、都市間競争に置かれる都市の経営をどのような形で担っていくのか、それを国任せではなく地方政府と住民の手で、どのように実現していくのかが問われている。これは大阪でこそ最も問われる問題であると同時に、大阪だけに限られる問題ではない。

6　密接な「相互参照」——総体としての政策形成能力

政策策定時の相互参照

地方政府間の長期的な関係として大事なのは、ここまで見てきたように、規模の小ささに対する制度的対応である。しかし、複数の地方政府間で生じる関係は、これがすべてではない。もう一つの大事な関係は、日常の非定型的な関係である。

日常活動における地方政府間の関係は、大きく二つに分けることができる。一つは、新たな政策形成時に相互を参照する関係である。そこから、政策の波及や政策の革新が生まれる。

もう一つは、政策実施、執行時における相互参照である。

新たな政策を策定する際、地方政府は情報不足や不確実性に直面する。どのような条文とすれば、曖昧さや矛盾を避けることができるのか。どのような内容にすれば政策効果が発揮されるのか。中央政府、有権者、マスメディアなど関係者たちはどのような反応を示すのか。

これらに対処するため、地方政府は他の地方政府からの情報収集に努める。その過程で、他の地方政府の進捗《しんちょく》状況を見ながら、導入時期を判断していく。首長の意向を受け、一番乗りを目指すところもあれば、混乱や失敗を回避すべく様子見を選ぶところもある。早急に立案を目指すところでも、突出して新規の政策をつくり出すことで孤立し、政策の正統性を失うことは避けようとする。したがって、先行する側（リーダー）もついて行く側（フォロワー）もそれぞれお互いの動向を把握しようとする（伊藤、2002）。

この結果、最初に少数の先駆的な地方政府による政策の導入が行われた後、つづいて採用を行う地方政府が増え、採用のスピードが上がっていく。しかしある段階を越えると、採用に消極的なところだけが残るので、採用の速度は鈍化する。横軸に経過時間、縦軸に採用した地方政府の数をとると、S字を寝かせたような曲線を描く。一般に、新しい文化や技術が人々の間に普及する場合にも、同様の普及曲線を描くことができるが、そこには同様のメカニズムが働いていると考えることができる。

一例として、情報公開条例の制定があげられる。ロッキード事件をはじめとする汚職問題

4-7　情報公開条例の政策波及

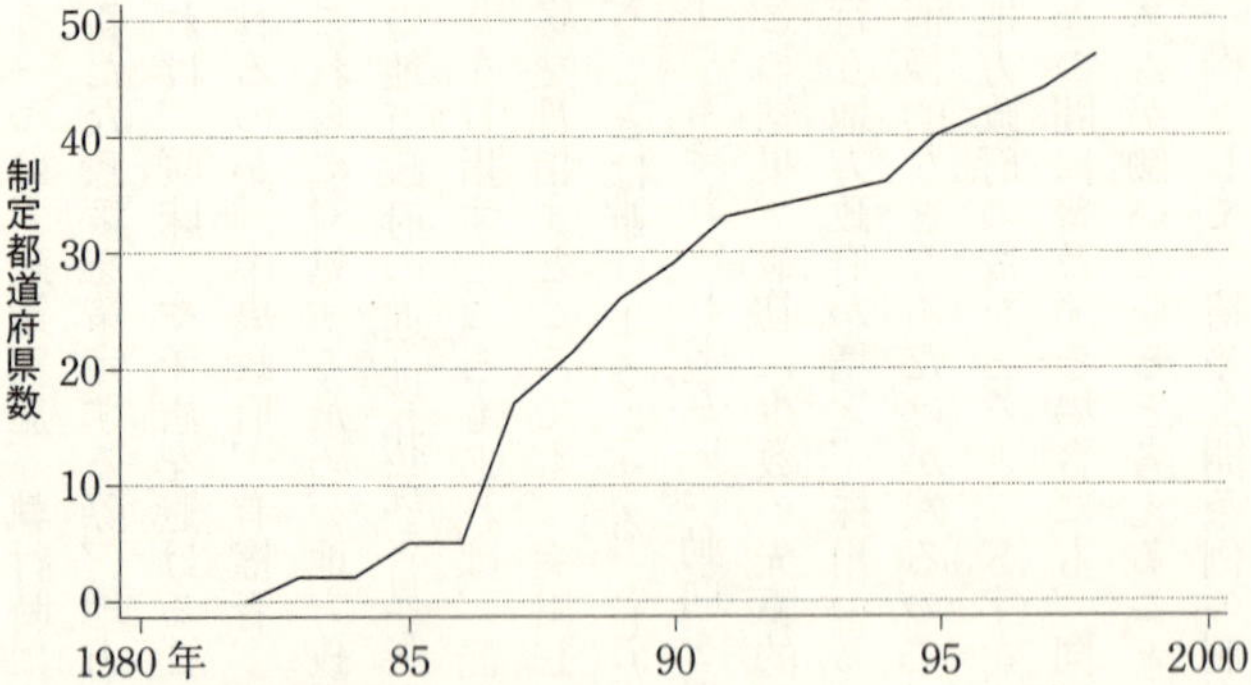

出典：伊藤修一郎研究室（https://www-cc.gakushuin.ac.jp/~20120085/EHA.html）のデータを用いて筆者作成

などを背景に、一九七〇年代の終わりに、情報公開のしくみが検討されはじめる。長洲《ながす》一二《かずじ》知事の明確な意向もあり、神奈川県が一九八二年に都道府県としては最も早く情報公開条例を制定する。長洲が議会で述べた「情報公開は、必要であり、不可避であり、かつ可能である」という言葉はその後、多くの都道府県における議論で引用された。

その採用の様子を4-7に示した。一九八六年までは採用数は徐々に増えるにとどまるが、それ以降、急激に伸びる。その後、一九九一年以降は伸びが鈍化する。最終的には、中央政府が情報公開法を制定した一九九九年の前に、すべての都道府県が採用を終えた。全体として、S字に近い典型的な政策波及の姿を示していることがわかる。

しかし、すべての政策が同様の普及曲線を描くわけではない。つぎの二つのパターンがある。

一つは、中央政府が関連する法律を制定した直後に、ほぼ全国的に一斉に採用が行われるパターンである。中央政府によるお墨付きを得たことで、「バスに乗り遅れるな」といわんばかりに、多くの地方政府が採用を決める場合、こうした現象が発生する。

もう一つは、争点をめぐる対立が強く、採用が増えないパターンである。他の地方政府の動向を見て、政策を採用できるのは、地方政府のなかや住民との間で利害・意見の対立が小さい場合に限られる。対立がある場合、政策の採否を決めるのは、その対立を収められるか否かであって、情報不足や不確実性の解消ではない。こうした対立的な争点の場合には、採用数は普及曲線に沿わず、小刻みに上昇と停滞を繰り返すジグザグの曲線となる。

景観条例の場合――波及に伴う政策変容

政策を採用するか否かに、ここまで注目してきたが、政策の中身や内容についても、政策波及が進むなかで変化が生まれる。

地方政府は、模倣を中心としつつも、置かれている条件にあわせ、細かい修正を加え、自らに適合した内容の政策を採用できるよう努力を重ねる。そもそも、自身が抱える課題と同様の課題を抱えるところを参考にしている。採否だけが問題ならば、周りに後れをとらないことが意識され、参照の対象も周辺の地方政府となるが、政策内容も問題となる場合、類似の課題を抱える地方政府の政策を参考にする。

景観条例を例に見てみよう（伊藤、2006）。何が保護されるべき景観かについては多様な考え方があり、文化財保護から、長年慣れ親しんだ里山などの保護まで幅広い対象がある。関連する中央省庁も、文化庁、環境省、国交省など多様である。条例を制定しようとする市町村も大都市から小規模町村までさまざまである。景観を破壊して新たな開発を行う圧力も、強いところもあれば弱いところもある。開発圧力に対して抑制的な規制を考えることもできるが、方向付けを行った開発を誘導することもある。

これほど多様性が高い政策領域であり、他の地方政府の条例や活動が参考にはなりにくい場合でも、日本の地方政府は相互参照に努めている。そこでは、近隣の地方政府ではなく、都市の規模などが同じところが参照対象となっている。したがって、一九六八年に金沢市が制定して以来、相当に時間が経っているが、参照先が収斂することもない。同様に、都道府県の政策を市町村が参照することもあまりない。

相互参照への強い「愛着」

相互参照に対する強い「愛着」は、日常的な政策実施で、より顕著になる。むしろ、普段の行政執行で、他の地方政府に照会をかけることが日常的だから、新たに政策をつくる際にも、他の地方政府から情報を集めようとするのだろう。例として、環境規制の実施過程における相互参照を見てみよう（平田、2017）。

他の地方政府との間で情報共有を行う動機は、不確実性の縮減と決定の正当化である。法律を具体的事案に適用するときには、さまざまな判断を行わなければならない。規制対象者の範囲、規制対象者に調査命令を出す条件などを決める際、担当者たちは、公平性を担保するためにも、他の地方政府の判断を踏まえることが有効だと考えている。特に懸念しているのは、規制対象者が処分をめぐって訴訟に持ち込むことである。他の地方政府の基準と合わせることで、訴訟を回避しようとする。

こうした姿勢は、決定の正当化を図るためにできるだけ多くの情報を集めようとしているともいえる。しかしそれならば法律家など専門家に尋ねるべきともいえる。裁量の行使に伴う責任を回避すべく、周り（他の地方政府）を見ることで、安心したいという動機がそこにはある。

さまざまな方法で情報共有は図られる。随時利用されるのは電話や電子メールである。それ以外に、一つは、担当者会議がある。情報共有を集約的に、直接会って行う場が制度化されている。つまり、必要が出てきたときに情報をとりに行くだけではなく、あらかじめ情報を集めるための場も存在している。もう一つは、複数の地方政府、場合によっては全国の地方政府にアンケートをとって、結果を共有することも行われる。これも、具体的な問題を解決するだけではなく、あらかじめ情報を集約し、共有しておく意識の現れである。

他の地方政府が生み出した情報にフリーライド（ただ乗り）しようと皆がすれば、結局情報は生み出されない。「囚人のジレンマ」と呼ばれる状態である。しかし、日本の地方政府は、情報の共有のために自らが骨折りすることを厭《いと》わない。今回は情報の提供者になるが、次回は情報をもらう側になるという形で、相互協調が慣習化しているといえる。

総体としての政策形成能力

互いに他の地方政府の政策を参考にすることは、一つひとつの地方政府では策定できない政策をつくることにつながる。これは、地方政府が複数存在しているから可能なことであり、中央政府には見られない利点だ。

相互参照により、総体としての地方政府は、高い政策形成能力を持ちうる。これは、地方政府の政策形成能力を疑問視する声への反論となる。政策形成能力への疑念から地方分権を否定することや、能力の低さが規模の小ささに起因すると考え、市町村合併を求める考えに対する反証を示している。

ただし、相互参照によって政策形成能力がいつも高まるわけではない。第一に、他の地方政府と競争関係にあるならば、情報の提供自体が行われないだろう。限られた資源をめぐって競争している際に、情報を簡単に他の地方政府に提供はしない。第二に、情報という集合財が供給されるには、負担を背負ってでも、政策形成で得られる便益が上回る地方政府が一つは存在していることが必要となる（Olson, 1965）。政策課題を解決する必要性が非常に高い、あるいは全国に先駆けて政策導入を果たそうとする地方政府が存在する必要がある。

日本の場合は、次章で見るように、財源について一定程度の保障が与えられていたため、地方政府の間に協力関係を築くことができたといえる。画一性が高い地方制度をとり、提供する公共サービスも全国共通のものが多いからこそ、新たな取り組みが他の地方政府に普及しやすい。もし、地方政府間の異質性がもっと高ければ、政策波及は難しかっただろう。

他方で、日常的に相互参照が行われていることは、突飛な政策や、独自の政策の採用を抑制することにもつながる。

複数の地方政府が存在している利点は、さまざまな地方政府が実験的に異なる政策を試みうることである。一つひとつの地方政府が、個別に政策形成をすることで、効果を生む政策を見つけることが可能になる。失敗に終わるところも出てくるが、だからこそ、大きな効果を生む政策を見つける可能性もある。こうした総体としての実験的政策や試行錯誤と、相互参照は相容れない。

世界の多くでRCT（ランダム化比較対照実験）に基づく因果推論を政策形成にも導入する流れが強まっている（伊藤、2017）。しかし、日本の地方政府の政策形成のあり方は、それと相容れにくい方向を向いている。成功事例としてとりあげられるたびに、大量の視察が訪れることは、それだけ横並び意識が強いことを示してもいる。RCTを含めた新たな方向性を取り入れて転換を目指すのか、それとも既存の方法の改善を目指すのか、政策形成能力を高めるために、地方政府間関係をどのように構築するのかは、今後の地方政府の体系を考える一つのポイントである。

*

本章では、都道府県と市町村の関係、都道府県間や市町村間の関係を見てきた。そこには色濃く、中央政府が影を落としている。それは、中央政府の総合出先機関として府県がつくられたという歴史だけの話ではない。現在に至るまで、大都市制度の不在が地方交付税による調整により対応されていること、相互参照が可能なのも財政保障の存在ゆえであることなど、地方政府間関係の多くが中央政府の制度を背景としている。

次章では最後の章として、中央政府と地方政府の関係をとりあげる。中央・地方関係は、すでにさまざまなところで顔を出しているが、あらためて整理することで、日本の地方政府の特徴を描き出したい。

第5章　中央政府との関係——国家との新たな接続とは

1　国との三つの関係——後見、委任、調整

国とは何か、地域とは何か

都道府県や市町村のことを考える際、国との関係は見逃せない。より一般的にいえば、中央政府との関係を抜きにして、地方政府を理解することはできない。では、地方政府と中央政府の関係とは、具体的にはどのようなものか。

原則は簡単に思える。安全保障や対外政策は中央政府の役割となり、地域開発や都市計画が、地方政府の役割となる。国民全体を対象とする政策は中央政府が、地域の住民を対象とする政策は地方政府が担う。

しかし、両者の役割はきれいに二つに分けられるものではない。安全保障ですら、緊急事態が生じた際に人々を避難させることは、地方政府でなければできない。逆に都市計画であ

っても、法制度の骨格は中央政府がつくる必要がある。都市計画とは、土地所有者が自分の土地を自由に利用することを認めないことでもある。土地の財産権に関わる規制ゆえ、全国共通の枠組みが必要になる。

これは私たちが、国民であると同時に住民でもあるという二重の性格を持つことと深く関係している。私たちは、たとえば沖縄県民であると同時に日本国民であり、あるいは名古屋市民かつ愛知県民かつ日本国民である。同時に複数の地域や複数の国に属することはない。二重国籍を認める国、住民票と実際に暮らす地域が異なる人も存在するが、あくまで原則は、一個人は、一つの地域に属し、一つの国に属する。

あまりに当たり前のことだが、私たちは国民、県民、市民といった複数のアイデンティティを持つ。同時に、同じ国民のなかに異なる県や市に住む人々がいる。このことが、地方政府と中央政府を完全に切り離せないことと、地方政府と地方政府の関係を調整するために中央政府が役割を果たすことを生み出している。

国が果たす三つの役割

中央政府と地方政府の関係は、三つにまとめることができる。

第一は、地方政府の政治・行政に、能力など何らかの不足がある場合、中央政府がそれを補う、あるいは代行するものである。

第二は、中央政府の政策の実施を、地方政府に委ねる場合である。負担と便益がともに全国に及ぶため中央政府が政策を所管するが、政策実施では地方政府をいわば手足として用いるケースである。

第三は、政策から利益を受ける地域と負担を背負う地域の間にズレがあり、調整を行う場合である。一方では、利益を受ける範囲の方が広く、国民全体が利益を受けるが、負担は特定の地域だけが負う場合がある。他方では、国民全体で負担をして、一部の地域に利益を与える場合もある。

日本では、第一と第二の側面が、明治以来、中央政府と地方政府の関係の中心となってきた。近代化を急速に進めるため、地方政府に対して中央政府は指導的な立場をとりつつ、安上がりの政策実施手段として地方政府を用いてきた。このしくみが基本的には、第二次世界大戦後も継続して存続してきた。

制度の継続性の陰で、高度経済成長期に拡大していったのが、第三の側面である。産業化を進め経済発展していく都市部と取り残される農村部の利害調整が持ち込まれたからである。

一九九〇年代半ばからつづけられている地方分権改革は、第一と第二の側面を変革しようとするものだった。それは戦後改革でやり残した課題に取り組み、同時に、選挙制度改革をはじめとする統治機構改革と並んで、日本の国のあり方を変える試みであった。

しかし、制度改革だけで中央政府と地方政府の関係は決まらない。第三の地域間の利害調整の実態も同じように大事である。そこで何が変化したのかもあわせて見る必要がある。以下では、三つの側面を順に、現在に至る変化に注意しながら見ていくこととしよう。

2 総務省の後見、事業官庁からの委任

地方政府の統制

中央政府と地方政府の関係の第一の側面、地方政府を中央政府が補ったり、代行したりする関係と、第二の側面、中央政府の政策の実施を地方政府に委任する関係をとりあげよう。中央政府が地方政府の行財政能力に不信を抱き、後見役を演じる場合と、中央政府の業務を地方政府に委任する場合を一緒に扱うのには理由がある。中央政府が地方政府を統制しようとする点では同じだからだ。地方政府の能力を信じない場合に統制しようとするのは当然だが、委任をする場合も、手放しで委任をすれば地方政府は勝手なことをする可能性があるので、この場合もやはり地方政府の行動を統制しようとする。

しかし後見と委任には違いもある。統制を中央政府のどの省庁が行うのかという点だ。委任を行うのは、実際に実施する政策を抱えている事業官庁である。事業官庁は、自前で政策を全国的に実施してもよいが、地方政府に委任してもよい。自前でやる場合は出先機関を用意しなければならない。地方政府へ委任すれば、その面倒はないが、地方政府を統制し

なければならない。

後見役を担うのは、中央・地方関係を所管する制度官庁、日本では戦前の内務省、戦後の自治省、現在の総務省である。これらは、地方政府の政治制度や行政機構にはじまり、業務の進め方に至るまで、模範例を示し、指導を行ってきた。

内務省による後見

戦前の中央・地方関係の最大の特徴は、委任を行う主体と後見役の両方を内務省が兼ねていたことだ。内務省は、地方政府を所管する制度官庁であると同時に、土木、福祉、警察などを所管する事業官庁でもあった。福祉政策や労働政策が本格的には開始されていなかったこともあり、国内行政の多くは、規制を通じてのものだった。そのため、取り締まりを行う警察機能が国内行政の相当部分を占めた。たとえば都市計画行政も、当初は衛生や防火の観点からの建築物規制に限られており、「建築警察」が所管した。

内務省による統制の中心は、直接、人を送り込むことによる人的統制であった。府県の知事に、内務官僚を派遣することが、その中核である。知事は府県会に対し議決停止や原案執行権を持ち、中央の意向の実現を確保していた。

内務官僚は知事だけでなく部長など府県の幹部職も占める。内務官僚自体の数が増えていくにつれ、明治末期には府県庁幹部のほぼすべて、大正終わり頃には課長級にも派遣が進む。

この頃には内務官僚は、毎年五〇名以上を採用していた（稲継、2000）。府県とは内務省の出先機関そのものだった。このことから、戦前の体制を内務省・府県体制と称する。

市町村に対しては、人的統制よりも、権限を通じた統制が行われた。内務省は、市長を市会の推薦に基づき任命するほか、市町村会の解散権、条例の制定・改正への許可権を持っていた。

さらに、市町村長を中央省庁の一つの機関として位置づける機関委任事務のしくみがあった。この制度では、市町村長は中央省庁の下部機関となり大臣の指揮監督下に置かれる。小学校の設置や教員給与の負担が市町村の責任だったのは、戦前の学校令で市町村長へ機関委任していたからである。

内務省・府県体制の変容

内務省・府県体制は、大正から昭和にかけて、産業化と都市化が進展し、政府規模の拡大と行政の専門化が進む時期に変容をはじめる。

都市計画でいうと、一九一九年の都市計画法で六大都市、三三年の同法改正ですべての都市が、都市計画を制定し、インフラ整備や土地区画整理を進めるようになる。これにより、建築警察と連携しつつも、独自の都市計画行政が分化していく（石田、1987、2004）。

福祉行政も同様である。工場法の制定後、労働政策の一環として社会保険行政が展開されるようになる。農村対策も含むようになり国民健康保険が一九三八年に成立する。これらを所管するものとして、陸軍の後押しもあって同年に厚生省が成立する（中静、1998）。

補助金のしくみが導入されるのもこの時期である。都市部の経済力が高まった反面、農村部では、貨幣経済が浸透するなかで金融恐慌の影響もあり貧困にあえいでいた。行政サービスを維持するために、農村を補助する必要が高まる。たとえば、現在までつづく義務教育費国庫負担金が開始されたのは、一九四〇年である。

市場に政府が介入する行政国家化が、一九三〇年代以降、内務省・府県体制を変えていく。これは日本特有の現象ではない。しかし日本では、戦前と戦後を時代の画期とする見方が強かったため、このことは見落とされがちであった（市川、2012）。

事業官庁による委任

内務省・府県体制は、占領軍の改革により一度は葬り去られる。しかしそれは占領軍の手だけによるものではない。一九三〇年代以来の中央省庁の分化によって生まれた事業官庁の主導によるものでもあった。また、占領軍も一枚岩ではなく、政策領域ごとのセクショナリズムがあった。

都道府県知事の公選化と相まって、各省は自前の出先機関を設置していく。商工省の商工局、農林省の農地事務局などである。中央政府は自らの政策実施を自らの手で進めるようになった。内務省の解体により、地方との関係を全体として担う省庁が消滅したため、この傾向はさらに加速した。政治学では、中央政府と地方政府の委任関係の強さを融合と分離という概念で捉えるが、これでいうと分離が進んだのである（天川、2017）。

このことは都道府県の存在意義を失わせる。そこで、機関委任事務を都道府県にも適用し、各省が都道府県へ安心して委任できるようにする。さらに第二次吉田《よしだ》茂《しげる》内閣は、出先機関の整理を進めた。しかし、整理は不十分で存続したものも多い。

内務省に相当する省庁の復活は、内政省などいくつかの構想はありながら、結局実現せず、最終的に一九六〇年に自治省が成立した。個別の政策領域を所管する省庁と、地方行財政制度を所管する省庁の二本立てが確立する。

内務省・府県体制と比べると、中央政府の分立性が強まったことは異なるが、地方政府への委任が用いられる点では共通する。しかし中央は分立しているが、地方政府は総合的である。この両者を融合するため、ねじれが生まれる。そのねじれを吸収するのが、地方交付税のしくみだった。地方交付税については、後で触れる。

自治省と事業官庁が二本立てであることは、地方への出向人事にも現れた。自治省・総務省は、地方政府の官房部門や財務系の部署に多くの人材を提供した。同時に、自治省・総務省以外にも、建設省・国交省や農水省などは多くの人材を送り込んだ。中央から地方への出向は、かつては天下りの一種と理解され、地方政府に対する後見の面が強かった。自前の人材育成が進むにつれ、地方政府は戦略的に受け入れを行うようになる。しかし府県の場合、そうなるまでに長ければ一九八〇年代までかかった（稲継、2000）。

ただし、実態は多様である。事業官庁のなかにも違いがあり、分離を志向した省庁も存在する。地方政府のなかでも、すべてが総合的というわけではない。行政委員会が導入され、その後も維持された警察や教育の分野は、地方政府のなかでも分立的な領域となっていく。

機関委任事務、義務付け・枠付け、必置規制

機関委任事務では、一般的な指揮監督権に加え、中央政府と都道府県知事や市町村長の対立が生じた場合に、その解消を図るしくみが用意された。一つは職務執行命令訴訟制度である。首長が執行を行わない場合、執行命令を出せるのだが、それにも従わないならば、裁判所の判決に基づいて中央政府が代執行できるしくみである。さらに、首長を罷免できる制度すら一九九一年の地方自治法改正までは存在していた。

中央省庁の統制手段は、機関委任事務に限られない。これ以外の統制手段として、第一に、義務付け・枠付けと称される種々の規制がある。第二に、必置規制という地方政府の組織編成への統制がある。第三に、人的資源については、地方事務官制度というものがあった。

第一の義務付け・枠付けとは、地方政府の政策の策定や実施に対して、義務を課したり、手続きを定めたり、禁止したりするといった制約を指す。機関委任事務のように包括的に制

約を課すことに加え、個別の法律ごとに制約が課されるものである。

第二の必置規制には二つのものがある。一つは、一定の業務に携わる職員に求められる資格や、職員の配置基準を中央政府が指定すること。もう一つは、行政組織や施設、さらに審議会などの付属機関の設置を中央政府が定めることである。組織や人的資源のあり方に対する統制となる。

第三の地方事務官制度は、機関委任事務のしくみを首長から職員にまで拡張したものといえる。国家公務員の身分を持つものの、都道府県で業務に従事し知事の指揮監督下に置かれる職員を地方事務官とする。戦前の内務省・府県体制の下で府県に配置されていた職員の処遇を明確に定めないまま、移行させたもので、運輸、労働、社会保険の実施などを担ってきた。

個別補助金

個別補助金は、省庁ごとに事業を実施していく一つの柱となる。交通網の整備から、地域での医療・福祉供給体制の整備や学校教育環境の整備まで、それぞれの政策領域ごとに、全国的に政策実施をしていくために補助金が用意される。事業官庁と特定政策領域に利害・関心を持ついわゆる族議員、さらに業界団体を加えて鉄の三角形と呼ぶが、個別補助金は鉄の三角形のメカニズムの一部である。個別補助金は地方交付税によっても支えられている。

「補助」金である以上、一定の地方政府の自己負担とあわせなければ、事業を実施できない。自己負担分を税収で賄えない地方政府には、地方交付税が財源を保障したのである。

いわゆる個別補助金を含め、省庁が地方政府に移転する財源は、正式には国庫支出金という。これには、中央政府の責任の程度に応じて、それが重い順に、国庫委託金、国庫負担金、国庫補助金の三種類がある。国庫委託金は、国政選挙の事務のように、完全に中央政府の業務を地方が実施する場合で、すべて国が負担する。国庫負担金は義務教育国庫負担金のように、国と地方がそれぞれ一定の責任を負うべき場合、その割合に応じ負担を行うものである。国庫補助金は、地方が責任を持たない領域に対し、中央政府の側が奨励を行うものである。補助金事業には、補助金適正化法が定められており、中央政府は細かいところまで統制をかける。

たとえば、小学校の理科の実験のための器具には、理科教育振興法に基づく補助金により二分の一の補助が出る。ただし、同法施行令所定の器具を、その基準に関する細目を定める省令に記される数だけ、たとえば上皿てんびんならば三二組まで、交付要綱で定められている一校あたりの基準金額の枠内で補助が受けられる。補助を受ける際には交付要綱にしたがって事業計画書、交付申請書、実績報告書を出す必要があるほか、設備台帳を保持して実験・観察器具のストックの状況を全体として把握しておかなければならない。

機関委任事務と補助金の政治的基盤

戦前戦後を通じて、日本の中央・地方関係の一つの特徴は、融合性の強さにある。中央政府は地方政府に政策実施を委任し続けてきた。そのことは、中央政府の規模が小さいことの一つの要因でもある。日本の人口一人あたり国家公務員数は、高度経済成長期の抑制に成功した結果、先進諸国のなかでも最も少ない（前田、2014）。対応すべき政策課題が大きく増えても対応が可能だったのは、地方政府が中央政府の政策実施を担ったためである。

中央と地方の関係は、一九三〇年代から五〇年代にかけての変容期を経て、ある種の均衡にたどり着き、一九六〇年代からは安定した。一党優位で政権を握り続ける自民党の議員たちにとって、中選挙区の下での〝勝利の方程式〟は、狭くて固い利益を確実に代表することであった。族議員となり、補助金の分配や箇所付けに関わることで、系列化した地方議員や首長にリソースを与えることは、重要な再選戦略だった。それゆえ、自民党議員たちは分立的な中央・地方関係を支持した。

地方政治家や行政官も、自主財源が不足している状態で、政策を展開するために、補助金を求めた。地方政府は自分たちの必要に応じ、さまざまな補助金のメニューのなかから、必要なものを選択しており、一方的に統制を受けるだけの存在だったわけではない（村松、1981、1988）。

高度経済成長期には、これら関係するアクターの支持を受けて、機関委任事務と補助金が手を携えて拡大していく。機関委任事務数は、一九五二年に都道府県一六〇、市町村九六だったが、七四年には三六五と一五七に増大した（新藤、2004）。

逆にいえば、機関委任事務や補助金は、国政の自民党議員と地方の政治家の支持なしで、中央省庁の意向だけで維持できるものではない。地方政府の側が受け取らなければ、補助金は有効性を失う。国政の自民党議員が補助金以外に予算を振り向ければ、補助金は出せなくなる。二〇〇〇年代に起きたのは、そうした変化である。

3　均衡としての地方交付税――負担と利益の調整

財政移転と地域間再分配

中央・地方関係の第三の側面、便益と負担の範囲のズレを調整するしくみに目を移そう。一部地域の負担で他の地域が便益を受ける場合には、豊かな地域から豊かではない地域への再分配が行われる場合と、豊かではない地域が全国的な便益のために負担を背負う場合に分けられる。

地域間再分配は、全国的に行政サービスの水準を等しくするために行われる。経済的な条件が厳しい地域は行政サービスの水準も低くてよいわけではない。義務教育や生存権に関わるような公共サービスが、地域によって差が出ることは望ましくないだろう。

地域間再分配の主たる手段は、地方交付税である。地方交付税は、かつての自治省、現在の総務省が所管する。地方交付税は受け手の地方政府にとっては、自由に使える財源である。ただし、このような自由な財源を与えられる裏返しに、地方政府の自主的な歳入、つまり地方税と地方債についても、自治省・総務省は深く関与している。

受け手が自由に使えることから、地方交付税は一般的な財政移転と位置づけられる。財政移転にはもう一つ、個別的なものがある。具体的には、先述した事業官庁がそれぞれに設けている個別補助金がこれにあたる。これは使途に限定がかけられる。個別補助金は地域間再分配を必ずしも正面から目的とするものではないが、結果として、そうした機能を果たすこともある。

地方交付税をはじめとする一般的な財政移転のしくみとは、中央・地方間の垂直的財政調整と、地方政府間の水平的財政調整を組み合わせることで成り立つ。つまり、中央の財政から総額としてどれだけを地方政府に移すのか、その総額を個々の地方政府にどのように配分するのか、この二種類の決定の束として財政調整は成り立つ（金井、1999）。

一般的な財政移転が日本に導入されたのは、個別補助金と同様、一九三〇年代である。内務省は一九三六年に臨時町村財政調整補給金を導入した。これが翌年には町村以外にも対象が拡大され、一九四〇年からは地方分与税・配付税制度になった。これはさらに戦後改革のなかで変遷しながらも、地方交付税へと継承されていく。

地方交付税とは何か

財政調整にはボトムアップとトップダウンの二つの方法がある。個々の地方政府の不足額を算出したうえで、その合計額を中央政府が手当てするのが、ボトムアップの調整である。これは、地方政府に対する財源保障を確実なものにする反面、地方政府の放漫財政や税収確保の努力放棄を招きかねない。また、国家財政にとっては非常な重荷になる。逆に、国家財政の状況に応じて余ったお金を、地方政府の状況を考慮することなく配分するトップダウンのしくみでは、地方政府が必要とする財源が確保される保障はない。

では、地方交付税はいかなる方法をとるのか。地方交付税はボトムアップの地方の要求に応える側面と、国家予算の状況に応じた財政移転の側面、双方をそれなりに満たす両にらみの性格を持つ。妥協の産物ともいえるが、試行錯誤の結果生み出された一つの均衡である。

まず、総額については国税の一定割合があらかじめ確保される。現在であれば、所得税・法人税の三分の一、酒税の半分、消費税の二二・三％、地方法人税の全額が原資となる。所得税や消費税は国税だが、実際にはそのうち二割から三割以上が、地方政府に回されるのである。

つぎに、配分については、地方政府ごとに算出した不足額に基づく。地方政府の人口や経済状況、さらに地理的条件、たとえば積雪地帯であるかなどを考慮した算出式に基づき、想定される歳出額（基準財政需要額）をはじき出す。歳入額についても算出式に従い推定する（基準財政収入額）。両者の差が配分基準額となる。自治省・総務省の裁量に基づく決定ではないので、地方政府は陳情や圧力をかけて配分額を増やしようがない。個別の事情を十分くみとってもらえないという不満はありうるが、それは積雪地帯への考慮のように、算出式の見直しを求める形をとる。

個別の地方政府ごとに計算した配分額の合計額と、国税の一定割合として配分される額が合致する保障はない。その調整は、自治省・総務省の役割となる。一方では歳出の方を調整する。実額ではなく、自治省・総務省がつくり出したモデルに基づく額だからこそ、操作が可能となる。他方で歳入の方も調整を試みる。財務省と交渉することで、できることならば国税からの配分割合の変更を試みる。無理な場合は、財政投融資の利用や地方債の発行額の積み増しにより、財源の手当てを図る（金井、1994）。

支持され続ける地方交付税

地方交付税の調整プロセスは、自治省・総務省の利益に沿う。毎年、大蔵省・財務省と総額の確保をめぐって激しい対立を行う必要から解放され、同時に、地方政府に対しては交付額の算出基準を通じて、その行動を誘導する力を持つからだ。

事業官庁にとっても、利益に合致する。このしくみが下支えすることで自分たちの事業の全国展開が可能になるからだ。自分たちの補助金と財源の取り合いにならない限り、事業官庁はこれを支持する。事業官庁と利益を共有する自民党政権や自民党政治家たちも同じ立場にある（北村、2008）。

逆に大蔵省・財務省からすれば望ましい制度とは言いがたいように見える。しかし戦後改革のなかでGHQが導入した平衡交付金制度は、各地方政府の不足額を基盤として、その財源の手当てを大蔵省に課していた。シャープ税制と呼ばれる地方政府重視の理念的な税制の一環だったからである。ボトムアップで財政移転を行うことは、地方の財源保障としては最善の方法だが、中央政府の財政運営としては、最悪のしくみである。これに比べれば、地方交付税は、大蔵省・財務省にとっても相対的に受け入れやすい。

算出式によって交付額が決定されることは、地方政府に公平感を与えるものでもあった。中央政府の裁量で決まる移転財源では、多くを獲得するために、中央政府への働きかけを行わなければならない。算出式による決定は、そうした圧力活動から地方政府を解放する。さらに、大半の地方政府が交付を受ける側に回り、制度の受益者となった。継続的に交付を受けない地方政府は、東京都に限られた。東京都にとっても、地方交付税はあくまで国税を用いた財政調整制度であり、自分たちの税収を他の地方政府に分配することまでは求められずにすんでいる。このしくみは東京都にとっても許容できるものだった。

関係者ほぼすべてが制度の維持に反対しない、一種の均衡状態にあることで、地方交付税は制度として安定した。だからこそ、成立以来七〇年近くを経てなお、この制度は維持され続けている。

地方財政への強い統制

地方交付税が全国すべての地方政府の財源を保障したことの裏返しに、地方政府が失ったものがある。それは歳入の自治である。

地方政府が自ら歳入確保の努力をせず、放漫財政をつづけながら、国税から地方交付税を出し続けることは、正当化できるものではないし、大蔵省・財務省も看過するはずがない。したがって、地方交付税の導入と裏返しに、自治省・総務省は、地方政府による歳入の自治に対して、強い統制をかけてきた。一つは、地方税の税目や税率に対する統制であり、もう一つは、地方債の発行に対する統制である。

何にどの程度の税を課すのかは、政治における第一の争点といっても過言ではない。しかし、この争点が日本の地方選挙で争われることは、皆無に等しい。そのことに私たちは慣れており疑問を抱くこともないが、それは、中央政府による強い統制の下、地方税の体系がほぼ全国一律の制度であったこと、税目や税率を決める裁量が、地方政府にはきわめて乏しかったことに起因する。

何に税を課すことができるかは、一九五〇年に成立した地方税法により、基本的には中央政府が決定してきた。そこに定められたもの以外に、法定外普通税として自治省の許可を受けて課すことはできたが、法定外の目的税は認められなくなった。こうした統制は、地方分権改革を経て緩和されてはいるが、地方税法が税目の大半を決めていることに違いはない。

そのうえで税率については、一定税率、制限税率、標準税率という三種類の統制が存在する。一定税率とはまったく税率の裁量の余地がないもの、制限税率とはそれ以上の税率とすることが認められないものである。標準税率は、「地方団体が課税する場合に通常よるべき税率でその財政上その他の必要があると認める場合においては、これによることを要しない税率をいい、総務大臣が地方交付税の額を定める際に基準財政収入額の算定の基礎として用いる税率」(地方税法第一条五)である。

標準税率と制限税率は組み合わせて用いることができるので、標準を定めたうえで、それ以上とする場合でも制限がある形にすることもできる。標準税率を定めず、制限税率だけを決めることもできる。したがって、地方税法上の税目には、一定税率が課せられているものと、制限税率と標準税率のあるなしを掛け合わせた四種類の合計五種類が存在する。

たとえば、一定税率であるのは、地方消費税や自動車取得税、標準税率と制限税率が定められているのは、事業税や自動車税、標準税率のみは固定資産税や個人道府県民税・市民税の所得割・均等割部分、制限税率のみは都市計画税があげられる。

標準税率には裁量の余地が残るが、実際に標準税率以上、あるいはそれ以下の課税をしているところはきわめて少ない。標準税率以下とすると地方債の発行が困難になるため、実質的には選択の余地がなかった。企業城下町などで税収が格段に多く、交付税を受けず、起債も行わない地方政府であれば選択できるが、そうしたところにも自治省は指導をつづけ、標準税率以下での課税を行っているところはほぼ皆無である。標準税率以上とする場合のほとんどは、道府県民税や市町村民税の法人税割部分、あるいは法人事業税である。住民個人を対象とした実質的な増税は、皆無に等しい。

もう一つの統制は、地方債の発行に対する統制である。

そもそも地方債は公営企業やインフラ整備の資金調達に限定されているうえ、起債については自治省・総務省の許可が必要であった。しかし実際には、一九七〇年代に中央政府の財政赤字が発生して以降、地方債は地方交付税と組み合わされる性格が強くなる。財源対策債、財政特例債、減収補塡《ほてん》債、減税補塡債などいわば国の財政における赤字国債と同様に、財源不足に対応するための地方債が認められるようになる。そしてその利払いは地方交付税で一定割合、場合によっては全額が負担される。つまり、地方に渡す額が足りなくなると、その利払い負担を地方に負わせないことにしつつ、地方債で肩代わりさせていくのである。

国の財政では、大蔵省・財務省が、赤字国債の発行や財政投融資の利用など種々の方法で、膨れあがる歳出をファイナンスする責任を負った。同様に、地方政府の財政をファイナンスする責任を負ったのは、個々の地方政府ではなく、自治省・総務省であった。日本の地方政

5-1　地方交付税による再分配効果

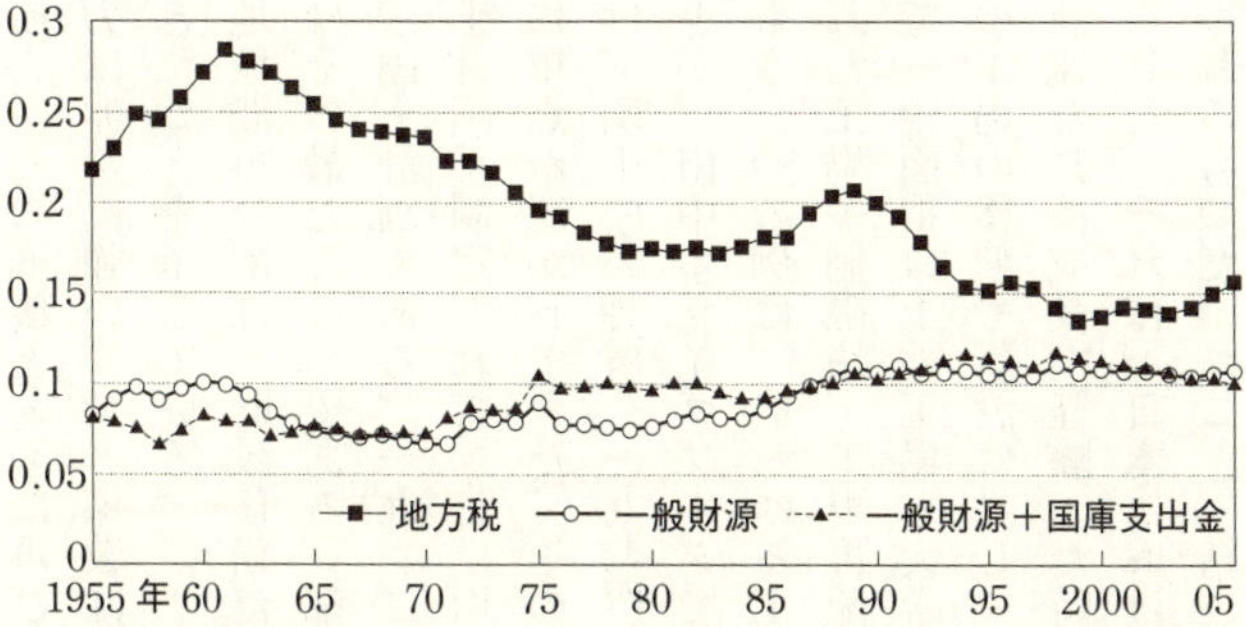

註記：値はいずれも都道府県を単位とし，都道府県とその中の市町村を併せた額を人口で割ったうえで算出したジニ係数．地方税は都道府県税と市町村税の合計，一般財源は地方税に地方譲与税と地方交付税を加えたもの
出典：土居，2010：図12－2

府は、歳入の自治を放棄することと引き換えに、歳入額を確保する責任から解放されている。

都市と農村の対立の緩和へ

地方交付税による地域間再分配は強い効果を持った。5-1では、四七都道府県の間にどの程度の地方税源の不均一があり、それが交付税を加えることでどの程度縮減されるかを示した。縦軸の値はジニ係数であり、値が高いほど不均一であることを示す。四七都道府県すべてが同額であればゼロ、一つの都道府県がすべてをとり、残る四六の都道府県が一切ない場合は一をとる。

一九六〇年代初頭まで、経済成長につれて、地方税の偏在は強まったが、交付税を加えるとそれは抑制されていた。その後、地方税は徐々に均一になった後、バブル景気の頃に再び格差が拡大、その崩壊とともに再び均一化した。しかしこの間を通じ、地方交付税による再分配の力は非常に強い。ジニ係数は〇・一程度であり、ほとんど差がない程度に再分配が行われてきたことを示している。

地域間再分配は、財政移転だけではなく、中央政府による政策としても行われた。国土計画はその最たるものである。都市と農村の経済発展に対して中央政府が介入しようとするのが、国土計画である。一九六二年に制定された第一次全国総合開発計画以来、五次にわたる国土計画が制定されてきた。均衡ある国土の発展を目標として、とりわけ農村地域の開発計画に重点が置かれてきた。その方向を典型的に示すのは田中角栄《たなかかくえい》であった。日本列島改造を掲げ、国土庁の設置（一九七四年）を進めた。東京で生み出された富を全国に均霑《きんてん》していくことが、田中のライフワークであった（御厨、2010）。

もう一つの例は、いわゆる工場三法、すなわち、一九五九年から七三年にかけて順次制定された工場等制限法、工場再配置促進法、工場立地法である。工場等制限法は首都圏と近畿圏で一定面積以上の工場と大学の新設や増設を制限し、再配置促進法は首都圏や近畿圏以外への工場の移転や新設に対して補助金を出すことを定めた。

急速な経済成長を経験した時期に、経済的な格差が広がらないよう、地域への再分配が用いられた。それは、日本における社会保障体制のあり方が、雇用を通じて所属団体ごとに提供されるものだったことと結びついている。

このような保守主義型福祉レジームでは、企業に雇用されない人々も、組織化し「雇用」を維持しなければならない。個人事業主や農家に、一定の所得を保障するよう、財政支出を通じた所得の底上げが図られた。公共事業や各種の補助金を通じ、政府は農村部の農協をはじめとする各種団体に金を流した。日本の農家の大半が兼業農家であることは、その一つの帰結である。

地域間の再分配には、政治的な支持があった。政権党であり続けた自民党の選挙戦略に親和的だったからこそ、それは長く維持されてきた。

自民党の重要な支持基盤として、一方では重工業を担う企業が、他方では自営業者と農家が存在していた。前者は政治資金、後者は票をもたらす存在だったのである。この双方を支持基盤として維持するため、都市から農村に一定の再分配を行うことが自民党の基本戦略だった（Rosenbluth and Thies, 2010）。当選回数に基づきポスト配分を行ったため、当選回数を重ねる農村部の議員が要職に就くことが多かったことと、定数不均衡の存在から（菅原、2004）、農村部への再分配が支持されたのである。

農村部は過剰負担か

地域間再分配とは逆に、豊かな地域が豊かではない地域に負担を背負わせることもある。軍事基地や原子力発電所はその例である。

アメリカとの密接な協力関係に基づく安全保障と経済発展を重視する国家運営の陰で、中心と周辺の関係が形作られていく。沖縄に基地負担が集中し、大都市の電力需要を支える原子力発電所が遠く離れた東北や北陸に建設されていく。安全保障という全国的な利益を実現するために、軍事基地が置かれた地域では騒音などの環境悪化や軍関係者による治安問題といった負担を背負い、国際競争力の基盤となる安価なエネルギー供給のために、事故の際の危険を地元が背負うとき、どのように調整を図るのか。

負担を背負う地域住民と向き合う役割を、中央政府は担わなかった。その多くは、地方政府や電力会社が担ってきた。たとえば在日米軍基地でいえば、基地に使われる土地の収用・使用の手続きは、都道府県知事に委ねられた。駐留軍用地特別措置法では、収用手続きが地元首長に委任されていた。原発の立地に際しても、地元との協議は電力会社と地元自治体に委ねられた。民間企業であり収用ができない以上、交渉で進めるしかない。だから、一度建設を受け入れた地域への施設の追加に集中しがちになる（Lesbirel, 1998）。

負担を背負う地域には補償が行われる。沖縄であれば基地周辺対策事業や沖縄全体に対する振興策が実施されてきた。二〇〇一年の省庁再編まで沖縄開発庁が置かれ、その後は内閣府に引き継がれているように、国政レベルで沖縄という一つの地域を所管する組織が設置されてきた。原発の周辺地域に対しても同様に、電源立地地域対策交付金をはじめとする地域振興に電源開発促進税から支出が行われている。

それでも、地元有権者の選択や代表である政治家の判断次第で立地は難しくなる。沖縄であれ、原発立地地域であれ、そこでの有権者の選択が国政の政権党とは異なるものとなり、そこで選ばれた代表が国政の政権と対立姿勢をとるようになれば、「国策」の実現は困難を抱える。

原発、空港、ダムといった三つの施設の立地が可能となった条件を統計的に分析した研究では、第一次産業従事者が急減し、農協や漁協が力を失ったときに受け入れが進む傾向が、原発と空港について確認された。またそうした場合ほど、土地収用など強制的な手段が用いられやすい（Aldrich, 2008）。人口移動などで地域社会のつながりが失われることが、負担を伴う施設の受け入れの根底にはある。

4　地方分権改革――一九九〇年代以降の三度の試み

三つの改革

一九六〇年代以降は安定的であった日本の中央・地方関係も、一九九〇年代の半ばから大きな変革がつづき、その後の二〇年あまり改革が行われてきた。

大きく分けて、三つの改革があった。まず、第一次地方分権改革である。一九九五年に成立した地方分権推進法にはじまり、九九年の地方分権一括法に結実した。最大の眼目は、機関委任事務の廃止であり、国の関与を法で定める新たな関与のしくみをつくり出した。

つぎに、三位一体改革である。小泉政権下で二〇〇二年から検討され、〇五年までつづけられた。これは、三位、すなわち地方税、地方交付税、国庫支出金を一体として扱う財政改革である。地方交付税と国庫支出金を削減し、地方税を拡充した。

最後が、第二次地方分権改革である。二〇〇六年の地方分権改革推進法制定にはじまり、一八年の第八次地方分権一括法に至る。主に個別の法令での義務付け・枠付けの緩和、国の事務・権限の都道府県への、都道府県のそれの市町村への移管が行われた。さらに並行して特区や地方創生といった官邸主導の政策が展開された。

三つの改革は、内容も、担い手も、大きく異なる。それぞれの特徴を捉え、誰の手によってなぜ進められたのかを見ていこう。

第一次地方分権改革

第一次地方分権改革は、機関委任事務という委任のしくみと、付随する中央の後見的統制を、新たなしくみに置き換えた。新たなしくみとは、中央の関与は、あらかじめ設定した関与類型から選び、法律に書き込むということと、中央・地方間で紛争が生じた場合は国地方係争処理委員会という第三者委員会が判断を出すというものである。

これは、中央・地方関係を行政機関間の関係から引きはがすものである。機関委任事務は中央省庁と地方政府を指揮監督関係に置く、いわば上司と部下の関係に置くものだったが、これを解消したからである。同時に進行した司法制度改革と並んで、日本の民主化や近代化のうち、残された課題に取り組んだ性格が強い。第一次地方分権改革の根底には、明治以来の中央官僚優位の国のあり方を、中央・地方関係から見直すという考え方があった。

結果として、この改革によって地方政府の権限の自律性は高まった。ただし委任という行為そのものがなくなったわけではない。融合的な性格はつづいている。

大きな変化は、分立化の程度が弱まり総合性が強まったところにある。機関委任事務がなくなり、法定の関与類型に置き換えられたことで、各省独自の関与の仕方は使えなくなった。さらに、必置規制の廃止・整理や地方事務官制度の廃止も行われた。

たとえば教育行政では、法律上は、学校教育の全般にわたり指導、助言および援助を行うとしつつ、文部省・都道府県教育委員会・市町村教育委員会という縦割り構造で、実質的な指揮監督が行われてきた。こうした独自の関係が築かれていたところほど、改革の影響は大きく、総合化の傾向が強まった（金井、2007、青木、2013）。そのことは、総合化した業務の引き受け手としての市町村のあり方にも影響を与え、市町村合併を求める動きにつながっていく（第4章参照）。また、首長の権力の増大にもつながる（第1章参照）。

中央省庁は当初は抵抗したが、次第に条件闘争に転じた。改革を担った地方分権推進委員会が、個々の法律の位置づけを見直すという労の多い作業に粘り強く取り組んだためである。

事業官庁から見れば、機関委任事務は委任を安心して行う便利な道具だが、それを守り通す利益は複数の官庁に薄く広く存在している。そのために努力を払う類《たぐ》いのものではなかった。自治省も、財政縮減期に入り各省が新たに出先機関を設置する心配はなく、機関委任事務にこだわる理由は小さかった。権限面での自律性を高めることに、政治家が強い反対をする理由もなかった。

機関委任事務の一つひとつを新たな事務類型に移す作業は膨大な量であるが、行政法や行政学を中心とする研究者集団が活躍した。「膝詰《ひざづ》め談判」と称される事業官庁との交渉作業を地方分権推進委員会が引き受けたのである（西尾、1999、2007）。このことは「総論賛成各論反対」となりやすい地方分権改革を現実化するうえで大いに寄与した。同時に、改革の具体的内容は霞が関が反対しない範囲のものにとどまった。

第一次地方分権改革では、金銭面での改革は周到に回避された。改革が頓挫《とんざ》しないよう、自民党議員からの抵抗が予想される面は改革テーマにあげなかった。しかし、地方分権推進委員会の活動終盤になって、橋本龍太郎首相から補助金改革を求められ、追加の勧告に向けて乗り出したものの、やはり政治家から強く反発を受ける。結果、補助金改革では成果をほとんど出せなかった。地方分権推進委員会のもともとの戦略は正しかったのである。

小泉政権での三位一体の改革

つぎに、三位一体の改革である。第一次地方分権改革で進まなかった税財政改革がここで進められる。鍵となるのは、小泉純一郎首相と財務省による改革課題の設定、自民党議員の変容、地方政治家たちの行動という三つの要素だった。

まず、小泉首相が地方税財政をパッケージとして、改革課題に載せたことが、最初の起動力となった。田中角栄以来の自民党政治、経世会への反発や、農村部の利益よりも都市部の利益を重視することが自民党の生き残り策と考えたことなどから、小泉は地方税財政の改革に取り組む。道路公団民営化や公共事業改革とも連動して、中央による地域再分配の程度を弱めることを、小泉は志向していた。ただし、彼の最大の関心事は郵政民営化であった。地方税財政改革はその同時期に進展したこともあり、改革の中身自体に立ち入ることはなかった（清水、2006、内山、2007、上川、2010）。

小泉首相が生んだチャンスに、地方交付税を改革対象に加え、「三位一体」という問題設定をつくり出したのは財務省である。予算編成権のうち大枠部分の設定が、経済財政諮問会議に移ったことは財務省にとって不利なように見えたが、実際には財務省は自らの意向を諮問会議による骨太の方針に反映させ、これを通じて、地方交付税削減という長年の課題解決に踏み出した。

補助金改革であれば、中央対地方という二者間対立の構図となる。補助金、交付税、地方税の三つの同時改革とすれば、たとえば事業官庁にとって補助金の削減は困るが、交付税と地方税についてはどちらでもよい。財務省は交付税を減らしたいが、補助金と地方税についてはどちらでもよい。地方政府にとっては、地方税が増えるならば移転財源のどちらが減るかはそれほど大きな問題ではないと、三者間に対立と協調が入り交じった状況がつくり出される（北村、2006）。

小泉首相と財務省が改革の推進力となったのに対し、自民党議員と地方政治家は改革の抵抗力となる可能性があった。補助金を通じた融合的な中央・地方関係から多くを得ていたのは、地域の発展を実現したと業績を誇示できる地方政治家と、その地方政治家と系列関係を築き、集票力を供給してもらう国政政治家だったからだ。

しかし、国政の自民党議員は、補助金改革を消極的であれ受け入れた。これは、選挙制度改革の影響の一つと考えられる（梶原、2014）。小選挙区制の下では、地方議員との系列関係を補助金によって維持するインセンティブは、自民党議員のなかでも薄れていた。また、地方政治家は、地方税財政をめぐる改革について、総論賛成、各論反対となりやすい。地域ごとに、これまでどの程度の移転財源を受けていたかも、新たな税源から得られる税収も違い、足並みが乱れやすい。

三位一体改革によって、地方政府へは移転財源から自主財源への移し替えが行われた。金銭面での分離志向の改革であった。ただし、移転財源の減少の方が地方税の増額よりも大きく、地方政府の財政運営には厳しい面もある。同時に、補助金が減り地方税が増えたため、金銭面での分立性が低下し、地方政府の総合的性格が強まった。地方政府のなかで政策領域横断的な存在として統合機能を担う首長の役割が、さらに大きくなる改革でもあった。三位一体改革は首長の政治的利益に合致した改革だったのである（梶原、2012）。

三位一体の改革以降も、使途や手続きへの統制を緩め、地方政府の裁量を拡大するために、交付金とすることが増えている。たとえば、道路、河川、公園、住宅などに分かれていた国交省の補助金は、二〇一〇年に社会資本整備総合交付金にまとめられた。地方政府ごとに計画を立て、それを全体として採択するようになったので、国が施設ごとに判断を行い、補助金もその施設の建設にしか使えないということはなくなった。

第二次地方分権改革——権限のさらなる委譲

二〇〇六年の安倍晋三政権によって開始され、一八年現在まで断続的に行われているのが、第二次地方分権改革である。これは、第一次分権改革で残された課題に取り組むもので、地方政府の権限の自律性の向上、中央の権限の地方政府への移譲を進めている。権限の分離による分権化といえる。

途中に民主党政権と自民党政権の間での二度にわたる政権交代を挟みながらも、方向性には変化がない。民主党政権は地域主権改革を掲げ、種々の改革のなかでも「一丁目一番地」と称したが、二〇〇七年に発足した地方分権推進委員会が一〇年まで継続して勧告を示し、その実施のために内閣府に地域主権戦略会議が設けられるなど、改革内容には連続性が見られる。

第二次地方分権改革では、主たる推進力は見当たらない（木寺、2012）。第一次地方分権改革の自治省・研究者連合や、三位一体改革の財務省といった存在はない。消防署長の資格や、公営住宅の整備基準、道路の構造基準などさまざまな義務付けや枠付けを撤廃してきた。その対象は、地方政府の提案を元とする。現場の声に基づく着実な改革が期待できるともいえるが、大きな成果は期待しにくい改革でもある。推進勢力が見えず、要求を受けた中央省庁は拒否することも多い。

推進力の不在と中央省庁の拒否もあって、官邸が中央・地方関係へ関与するようになっている。特区と地方創生はその典型例である。規制改革への抵抗とその打破というフレームに中央・地方関係も載せることで、変革を進めようとするのである。自由化を進め、地方政府間の競争を促進することが主たる目標となる。これまで中央・地方関係で目立つ存在ではなかった経済産業省が、首相と結びつきつつ、中心的な役割を担うようになってきている（牧原、2013）。

5　改革の光と影――忘れられた地域間の再分配

改革により変わったもの、変わらなかったもの

一九九〇年代半ばから二〇年以上つづく改革の流れを振り返ってきた。これにより何が変わり、何が変わらなかったのか。

第一次分権改革は自治省・研究者が中心となった改革であり、権限面での自律性向上を実現した。事業官庁からの縦の系列を弱め、地方政府がさまざまな政策を束ねる総合性を高めた。三位一体改革は首相と財務省が主導した改革であり、金銭資源の集中・分離をもたらすとともに、やはり総合性を高めた。第二次分権改革は再び、中央政府が持つ権限を改革の対象として、地方の自律性を強めるものであった。改革を引っぱるのは官邸と経産省である。

このように、異なる主体が、異なる目的を持って改革に加わったため、改革は長くつづいている。しかし同時にそのことは、改革の目的が何であるのかを不明瞭《ふめいりょう》にすることにもつながっている。そもそも、中央政府が地方政府に関与する三つの理由のうち、何が改革のターゲットになっていたのか。

第一次分権改革は、中央政府による委任のしくみ、それと結びつく後見的役割をなくすことを目的としていた。第二次分権改革もそれを引き継ぐものであった。三位一体の改革は、中央政府の後見的役割を後退させるものであった。同時にそれは、地方交付税の縮小を通じ、地域間再分配の程度を低下させるものでもあった。

だが、地域間再分配の問題はそれほど正面から議論されなかった。つまり、一九九〇年代

半ばにはじまる地方分権改革は、戦後改革で残された近代化の総仕上げを目的とした。そのために、中央政府による後見的役割と委任のしくみの是正に関心が集中し、地域間の利益と負担の調整への関心は低いままに終わった。

小泉政権による政策転換

しかし実際には、二〇〇〇年代は地域間の利益と負担の調整を見直すべき時期であった。日本の中央政府がとってきた地域間再分配の前提条件が失われたからだ。戦後の日本政治は、経済発展を前提としてその果実を全国に均《ひと》しく分配することを一つの中核としていた。都市と農村を主たる地域間の対立軸としつつ、前者から後者への再分配により対立を顕在化させないことは、戦後日本の一つの選択であった。それは相当にうまく機能した。しかし、一九九〇年代以降の世界の変化は、このしくみが機能する条件を掘り崩した。

グローバル化に伴い他国との競争が激化するなかで、都市部の企業やその従業員たちは、農村への再分配を許容する余裕がなくなっていった。コスト削減に努める海外志向の強い企業や都市住民にとって、農村部は「ぬるま湯」に浸《つ》かっているように見える。農村から都市への人口移動が減り、農村への連帯意識も失われる。こうしたなかで、都市住民の農村に向ける目は厳しくなっていった。このことは公共事業批判として具体的な形をとっていった。

そのとき、地域間再分配のしくみや程度をどのように変えるのかは、日本政治が取り組むべき一つの課題であった。東京の富を各地に再分配していくのか、それとも東京への再投資に使うのか、これは国政レベルの重要な争点となるべき政策課題である。

三位一体改革は、この課題に取り組む大きなチャンスであった。小泉首相は争点提起の力を持つ政治的リーダーであり、旧来の自民党政治に終止符を打つ志向性もあった。小泉は都市部の利益を代表する政党へ自民党を変革させようとした。彼が掲げた「自民党をぶっ壊す」とは、田中角栄や経世会が築き上げた利益分配システムへの訣別《けつべつ》である。公共事業の削減、三位一体改革による個別補助金と地方交付税の削減が行われたのは、小泉の姿勢をよく表している。小泉が最大の目標とした郵政民営化も、財政投融資という政府自身が一つの国営銀行と化して、資金を流すしくみを変えようとしたものだった。財政投融資資金が流れ込む先は、官民間に存在する種々の関連団体だけではなく、地方政府でもあった（新藤、2006）。

大都市部でのタワーマンションの建設が可能になったのも、この時期の規制緩和の成果である。二〇〇二年に都市再生特別措置法が制定され、規制緩和と民間開発業者への金融支援が進められた。小売り流通における大規模モールの進出が可能になったのもこの時期である。大規模小売店を抑制してきたいわゆる大店法は二〇〇〇年に廃止され、新たに大店立地法が制定された。これにより店舗規模への制限はなくなったのである。小泉政権は、都市重視の方向をとる点で明確な立場を持っていたといってよい（中澤、2012）。

非争点化された地域間再分配

しかし小泉も、郵政民営化と三位一体の改革を連動させ、地域間再分配のあり方を問うことはなかった。そのような大きな構図のなかに個別改革を位置づける方向性を持たなかったともいえるし、争点を拡大することが改革を頓挫させることを財務省が懸念したともいえる。明確な争点化がなされなかったこともあり、都市重視への方向転換は小泉限りであった。その後の自民党政権は、明確な方向性を持たなかった。民主党政権も同様である。都市と農村のどちらを取るのかという争点を表に出すことは避けたのである。それはTPP（環太平洋パートナーシップ協定）をめぐる論争のように、通商関係を舞台に展開され、国内政治・行政の転換とは結びつかなかった。

特定地域の負担と全国的便益の調整が、正面から問われることもなかった。こうした問題が問われる契機がなかったわけではない。むしろ、その機会は何度かあった。東日本大震災における福島第一原発事故は、原発が立地する地域とそれが生み出す電力を消費する大都市部の便益と負担の関係を明るみに出した。沖縄県にある米軍普天間《ふてんま》基地の移設問題も、基地に伴う負担と安全保障の利益の関係を問い直すものであった。しかしそれらは、個々の争点にとどまり、根底にある地域間での利益と負担の調整が争点化されることはなかった。

第二次以降の安倍政権では、金融機関や大企業の集中する東京にメリットの大きい金融緩和を中心とするアベノミクスを実施しつつ、同時に「地方創生」政策では、東京一極集中の是正を目標に掲げている。先述した工場三法のうち、制限法は二〇〇二年、促進法は〇六年に廃止された。しかし、これにより大学の都心回帰が進むと、安倍政権は「地方創生」政策の一環として、東京二三区の大学定員を一〇年間にわたり抑制する法律案を二〇一八年五月に成立させている。

結果として、現在でも都市を明確に重視することはできていない。都市こそが経済発展の鍵であるという考え方からすれば、このことは日本の経済的停滞とも関係している。衰退する地域を国がインフラ整備などによって救うことはできず、高技能者を中心とした多様性を備えた人材を生み出す都市が、現在の成長のエンジンである（Glaeser, 2011）。しかしこうした議論が、国政の争点として正面から扱われることは見られない。

複雑化する地域間対立

地域間再分配が争点化されないのには、地域間の利益対立の構造が複雑化したことも背景にある。都市と農村という二項対立では捉えがたくなったのだ。また、対立は経済面以外の社会面を含むようになった。

現在、三大都市圏に総人口の過半である六五〇〇万人が住んでおり、他方で農村部には九〇〇万人が住むにすぎない。残る五〇〇〇万人ほどは地方都市に住んでいる。現在の地方都市は生産の場としてより、消費の場としての側面が強い（貞包、2015）。深刻な空き家問題、製造業の海外移転、業務のアウトソーシングの進展による大企業支店の統廃合などに直面し、モールやロードサイド店といった消費の場とそこで生み出されるサービス業の雇用を中心としている。全国各地にゆるキャラとB級グルメが生まれているのは、そうした構造の現れといえよう。社会的流動性も低下し、若年層の閉塞感が強まっている（轡田、2017）。

三大都市圏の内部でも都市中心部と郊外の違いが大きくなっている。かつては都市中心部に対するベッドタウンだった郊外は、一方ではサービス産業化の進展とともに、地方都市と変わらない性格を持つ。同時に、都心回帰（ジェントリフィケーション）が進むことで、高齢者の比率を高めている。高度経済成長期には、ニュータウンの建設により、当時の若年層に持ち家を大量に供給した。それが現在では高齢者の多さにつながっている（上野・松本、2012）。

臨海部の再編は、第二次産業からの転換という点では、地方都市と同じである。これを積極的に進め、居住地域や商業地域として再編したのが、東京の臨海副都心である（平本、2000、渡邊、2017）。東京都は当初は情報産業の集積地を目指したが、途中から方向を変えた。東京や横浜のケースを除けば、転換に失敗しているところも多い。

東京の富の再分配のゆくえ

産業構造が大きく転換していく一九九〇年代に、産業構造の変化とは無関係に、地方分権改革が進んだ。制度改革が注目される裏で、新しい制度がどのように日本の社会や経済のあり方を変えることにつながるのか、意識的に検討されることはなかった。

財源の見直しは典型例である。検討されるべき点は二つあった。一つは、都市から周辺地域への再分配の程度である。法人税を都道府県の税源とすることにより、都市の経済活動の成果は、都道府県を通じて周辺地域に広く再分配されてきた。都市がさらなる成長戦略をとろうとしても、それは都道府県を通じた再分配に用いられているのである（砂原、2015）。

もう一つは、東京から全国への再分配の程度である（金井、2012）。圧倒的な経済力を誇る東京の財源をどのように分配するのか。これまでのしくみは、地方交付税では調整を行うが、地方税での調整は行わないものである。東京都心部分の経済活動やその反映としての地価の高さなどから、通常の市町村税のしくみでは、東京の税には余剰が生じる。それを周辺区や多摩地区に流すために都制では市町村税の一部が都税に移され、さらに二三区内の財政調整制度を設け、都心区から周辺区に財源を移していく。逆にいえば、再分配の範囲は都の範囲止まりであり、全国に及ぼすべく、特例税制を設けることはしてこなかった。それゆえ、都政はオリンピックなどで「余剰財源を遊興すること」（金井、2012）に勤《いそ》しむと揶揄されるのである。

日本全体で見れば経済的停滞・低成長が二〇年にわたりつづいたなかで、東京の経済力は抜きん出たものになっていく。そうしたなかで、東京の富をどの程度再分配するのか、その他の大都市は周辺地域への再分配をつづけるのか、こうした論点は政治的な争点として浮上することはなかった。結果として、地方税制の構造は現状維持がつづいた。その結果、都政の「遊興」の昂進《こうしん》と、他の大都市政府の手詰まり感は高まったように見える。

バブル崩壊間もない一九九〇年代半ばから、二〇〇八年夏のオリンピックの誘致活動を進めたが落選に終わった大阪と、その後二〇〇〇年代半ばから誘致をはじめ、一六年大会は落選したが、二〇年大会の開催地となった東京の対比は象徴的である。

もっとも、その大阪も、つぎは万博の誘致に転じ、二〇二五年の開催を決めた。一九七〇年にはニュータウンとなる郊外の丘陵で開かれたものが、今回の計画ではIRも予定される臨海部での開催となるのは、この半世紀の変化を象徴している。

二一世紀に入った日本では、中央政府と地方政府の関係を形作るあらゆる側面が、問い直される可能性を秘めていた。しかしそれらは顕在化しなかった。地方分権改革は、地方政府が中央政府に後見され、委任を多く担う存在だったことに光を当てた。しかし、それ以外の側面は影に回ったともいえる。地域間の利益と負担の調整という大きな構図のなかに中央・地方関係を位置づけ、制度および制度改革が持つ意味を見つめることが、二〇年間の地方分権改革を経た現在、求められている。

終章　日本の地方政府はどこに向かうか

首長と議会

各章の内容を振り返りながら、日本の地方政府のこれまでの歩みを確認しておこう。日本の地方政治の最大の特徴は、政党制が根付いていないことである。第1章ではこの原因と帰結について考えた。首長が選挙のときに政党の推薦や支持を受けることは少なくなく、都道府県議員の多くは国政政党に属している。しかし、同じ政策志向を持つ議員が集まり、社会と政府のつなぎ目となるといった政党に期待される機能は果たされていない。

この原因は、首長の公選と、定数が大きい議会の選挙制度にある。政党の集票力が落ちてきた一九九〇年代以降は、無党派の首長が多くなる。政党の協力を受ける場合でも、国政における連携と同じ枠組みから離れて、勝ち馬に乗る誘因が常に働く。

地方議会の選挙制度は、どのような政党システムをつくり出すのか意図がはっきりしない。都道府県議会は郡市区が選挙区なので、指定都市の多い都市型府県と大都市の存在しない農村県が、政党システムとしては類似性が高く、一党優位や二大政党制になりやすい。市町村議会は市町村全域を一つの選挙区とするため最低当選ラインが低く、さまざまな人々が参入可能であり、政党としてのまとまりをつくり出せない。この結果、国、都道府県、市町村それぞれの首長と議会の政党制にはズレが生じ、しかもそのズレ方は地域によって異なる。

政党制が定着しないことの帰結は、政策の個別利益志向が強く総花的になることである。ただし、財源上の制約が強まるときには、事務事業評価などを用いて、薄く広く削減を行うこともある。しかしどちらも、政策をパッケージ化し、メリハリをつけた選択を行うのとは逆である。予算と条例の双方の提案権が首長に与えられており、議員は首長に対して自らの要求を反映するよう求める形で政策が形成されていく。

行政と住民

政策を実施する中心的な担い手は、地方政府の行政機構である。中央省庁とは異なり、政策領域ごとに別々の組織となっていないのが特徴の一つとなる。しかし、都道府県は警察官と教員が多いこと、市町村の場合は組織規模が小さいことから、スペシャリストを志向していないにもかかわらず、ジェネラリストというには、経験する業務の幅が狭い。一定の幅の業務を中心に経験することが多く、限定されたジェネラリストの性格が強い。

トップ・マネジメントについても、中心を欠き、多元的な形態をとる。政治任用職がきわめて限定されていることもあり、首長のトップダウン的な運営は難しい。首長の意向は予算、人事、計画を通じて緩やかに実現される。二〇〇〇年代以降はこれに評価と政策法務による統制も加わり、多元性はさらに高まっている。

現在の日本の地方政府は、人々が選挙の際にだけ参加をするという代表制民主主義のモデルとは、つぎの三点で違っている。第一に、住民投票など直接民主制が用いられる。第二に、行政を通じた参加が多く行われている。第三に、NPOをはじめとする民間部門が公共サービスの課題設定にも乗り出している。

政策実施でPFIや指定管理者制度が導入されることは、金融機関を通じた統制の可能性を開くとともに、公共サービスとして何を私たちが望むのかを問い直すことにつながる。さまざまな民間の専門家の助力を引き出しながら問題解決のプラットフォームを提供する場に転換しつつあることから、現在の地方政府の姿はガバメント（政府）よりも、ガバナンス（統治）という言葉で捉えられるべきものである。

地域社会と経済

地方政府は、国民国家のなかで、中央政府と対になる形で誕生した。日本では、明治政府により身分制廃止と移動の自由が可能となることで、地方政府が成立する条件が整えられた。その点での断絶は大きい。

都市が郊外に広がり居住人数を増やすことと、農村から都市への移動が大規模に起こるのは大正期以降である。日常的な地方政府の境界線を越えての移動と、人生のなかで何度かの引っ越しを経験し異なる地方政府の住民となることが一般的になった。ピークの一九七〇年頃には八〇〇万超、現在でも五〇〇万人が毎年、住居を移動している。

人々の移動は、足による投票を可能とする。日常的な移動は、住民として属する地方政府と、日中に行政サービスを受け取る地方政府のズレを生む。負担と便益のズレともいえる。日本の地方政府では、このズレが大きい。とりわけ、都制以外に実質的な大都市制度が用意されず、大阪のような大都市が過重な負担に苦しむことになった。

移動により人々の政治意識は変容し、地域の人々の構成も変化する。しかし日本では、人口が何万人かという量的側面には過剰な意識があるが、質的にどのような意味を持つかはあまり意識されない。人口減少が問題視される裏面で、地域の住民が多様化したり、同質化したりすること、そこで生じる政治のありようが変化を迫られることへの意識は低い。

地方政府の政策の中心は開発政策となる。人口と経済のパイを拡大することが、多くの地方政府の政策目標となる。これ以外にも全体として幅広い領域をカバーするが、たとえば住宅の提供のように、他国に比べて、消極的な役割しか果たしていない領域もある。同様に、都市計画規制も緩やかであり、開発行為が容易に認められるため、中心部の空洞化と郊外への開発の継続がつづいている。

地方政府間の関係

日本の地方政府は都道府県と市町村の二層からなる。都道府県と市町村は異なる政策領域を担う。都道府県は、教育と警察という労働集約的な公共サービスの責任を負う。歳出も多いが、それ以上に職員の多くがこれら二つに回されている。これ以外の政策領域では、土木費をはじめとして、開発政策の支出が多い。それだけに、都道府県は二〇〇〇年代以降、歳出額を減らしている。

これに対して、市町村は福祉サービスの提供を中心業務としてきた。職員の多くも福祉に従事する。次いで一般行政に対して歳出、職員の双方が多く振り向けられている。都道府県とは対照的に、二〇〇〇年代に入っても歳出額は伸びており、その中心も福祉である。

都道府県が明治以来、安定しているのに対して、市町村は合併により規模を拡大してきた。合併は中央政府の主導によるもので、地方政府の自発的判断によるものではない。だからこそ、明治、昭和、平成の数年間の限られた時期だけ合併が進み、それ以外の時期には進まない。

市町村間の連携は頻繁に用いられるが、利害対立が生じない限りで成立する。行財政能力の点で困難な状況にある市町村への対応としては限界を持つ。合併も一段落したことから、今後は、都道府県による補完が増えるだろう。

都道府県と市町村の二層制が維持されてきたことも特徴的である。都道府県は国と市町村の間にあり、双方に不安定の種を抱える。中央省庁の総合出先機関としての位置づけを持っていたため、戦前から戦後にかけて、中央省庁の再編と連動して不安定化した。しかしその後は、中央省庁の安定化と軌を一にして、都道府県も再び安定化する。

二層制を崩しうるものがあるとすれば大都市制度である。日本では他国のように、大都市に広域政府の立場を併有させることはなかった。戦時中に首都の東京に都制が導入され、戦後には特別市制度が法制化されたが、大阪府や愛知県などの府県の反対が強く、実際の適用に至らなかった。その後、妥協策として成立した指定都市は、指定に自治省・総務省の裁量を与え、関係者の合意のもとに指定都市を誕生させ、制度を安定化させてきた。しかし、合併促進の手段として使われたことで、指定都市の性格は曖昧なものとなる。

指定都市に加え、中核市、さらにかつてあった特例市のいずれも、都道府県の権限を市に移譲するものだが、財源の移譲はほとんど行われない。財政調整は、すべて交付税に任せられた。他方で二〇〇〇年代以降、都道府県から市町村への権限移譲がそれぞれの判断で進んでいる。大阪都構想に端を発し導入された大都市地域における特別区の制度は、この流れを受け継ぐもので、道府県と市の協議によって、財源を含めた制度設計ができる。ただし、導入プロセスで住民投票が法定化され、実現へのハードルは高い。

地方政府間での情報流通は非常に多く、政策波及をもたらし、全体としての政策形成能力を高めている。政策実施における情報の共有も同様である。これらは、リスク回避のための横並び主義という面もある。地方政府の一つの意味は、さまざまな試行錯誤を可能とするところにあるが、日本の地方政府はそのメリットを実現させにくい。

中央政府との関係

中央と地方の関係を織りなす糸は二つある。一つは、全国的な利益と負担、地域の利益と負担の組み合わせの食い違いを調整することであり、もう一つは、中央省庁が政策実施を委任し、地方に対して後見人の役割を果たすというものである。前者は政治の論理が強く働き、後者は行政の論理を中心とする。このどちらが表に出るかで、各国の中央・地方関係の姿は異なるものとなる。

日本の中央・地方関係は、戦前では行政の論理に基づく関係が表に出た。したがって戦前から戦後にかけて、変化を迫られたのも、行政における中央・地方関係であった。それは敗戦と戦後改革による変化だけではない。一九三〇年代にはじまる政府機能の拡大が、内政を担う中央省庁の分立と、中央と地方の財政調整制度をもたらした。地域間再分配の機能が中央・地方関係の大きな柱となっていく。

このことは、戦後改革を経て出揃った政治・行政アクターたちの利益とも合致した。都市から農村まで画一的な権限配分と、強い財政調整制度を組み合わせることで、全国に一定水準の行政サービスが提供されていく。そのうえで、政策領域ごとの補助金を用いて、政権党の国政政治家と地方政治家の間に、「金と票」の交換関係ができあがる。政党組織が弱く、政治家個人での集票が必要なため、中央・地方を通じた議員単位の系列化が生じた。

一九九〇年代後半以降の地方分権改革は、二〇年間をかけて、この縦糸と横糸の双方を組み替えた。一方では、行政の関係における後見的性格がついに払拭《ふっしょく》された。他方で、政治の中央・地方にまたがる系列が解かれていく。衆議院の選挙制度改革に伴い、衆議院議員は補助金をかつてほど必要としなくなった。これにより、二〇〇〇年代以降、補助金の削減が進む。一連の改革は、地方政府が個別省庁や族議員と結びつき政策共同体に分立されている状態を変えた。それだけ知事や市町村長の裁量は拡大した。

他方で、地域間再分配をどの程度の規模で行うかという問題が正面から問われることはなかった。小泉政権の三位一体改革はその機会となるべきものだったが、争点化には至らなかった。全国的な負担・便益と特定地域の負担・便益のズレも、目につくところが改革の対象に散発的にとりあげられるにとどまった。逆に、目につきにくいところ、つまり特定地域の負担による全国的便益は見逃されがちである。米軍基地や原発をめぐる犯罪や事故などは一時的な注目を集めても、構造的問題には目が届かないままに終わった。

問題の根源とは

本書を閉じるにあたって、今後の日本の地方政府について考えるべきポイントを三点、示しておこう。とはいえ、本書のここまででも明らかなように、筆者は大胆な改革案を提示してその妥当性を主張するつもりもなければ、悲観であれ楽観であれ、将来を予測するつもりもない。

しかし、現状がいかなる関係者による、いかなる選択の組み合わせとして成り立っているのか、言い換えると、いかなる意味で均衡たりえているのかを明らかにすることで、その均衡を変化させる条件が何かは理解できると筆者は考えている。このことを、これまでの日本の地方政府の歩みにおける変動と安定のそれぞれの局面で描いてきた。この姿勢を崩すことなく、議論を延長することにより、今後の方向性を展望することは可能である。

本書のさまざまな箇所で、改革の難所がどこかを示してきた。第1章では、議会の機能不全の原因を、政党制を確立させない選挙制度と執政制度に、第2章では、行政組織の問題点を、人材育成方針の不徹底と外部との協働における姿勢のぶれに、第3章では、大都市部の困難を、本当の意味での大都市制度を用意しない画一的な地方制度に、第4章では、地方政府間関係の限界を、過剰な水平的情報流通に、第5章では、中央・地方関係の難点を、地域間再分配の問題を正面から扱わない国政に、それぞれ求めてきた。

全体を見渡して、さらに考えるべきことは、これらの連関である。これらは相互につながっており、問題の根源は共通している。

第3章から第5章で示した問題は、つまるところ、地域間の対立軸が東京とそれ以外、あるいは三大都市圏とそれ以外に存在しているが、東京ないし三大都市圏とそれ以外の間の利益調整や再分配をどの程度行うのかという問題を、国政で正面からとりあげていないところにある。このことは、第1章で扱ったように、それぞれの地方での争点を明確化したうえで、それを中央に伝えていく機能を政党制が果たしていないことに原因がある。

地方政府の政党制を機能させなければ、地域をめぐる争点を国政に伝えることはできない。政党をめぐってはさまざまな限界と重要性が指摘されているが、地域と全国をつなぐ側面は見落とされがちである。国政で地域間対立が十分にとりあげられるためにはその前提として、地方の政党制の確立が必要である。

第2章と第4章は、日本の組織における専門性の欠落や過剰な同調性、内輪には安心感を抱くが、距離をとった関係構築が不得手であるという特徴が、地方政府間、地方政府内の双方で発生していることを示した。組織それぞれの文脈に応じた細やかな調整を得意とする一方で、試行錯誤を嫌い、明確な組織原理に沿った組織再編が行われない。

さらに、政党制の欠落と組織における専門性の欠落を二つあわせると、政官関係の欠落となる。日本の地方政府には政官関係がなかったといっても過言ではない。これは、政治が果たす役割、行政が果たす役割をそれぞれ突き詰めたうえでぶつけ合うことが行われてこず、その必要もなかったからである。

このように、第1章から第5章までで論じてきたことは、それぞれに連関している。にもかかわらず、つながりに目を向けず、一部を切り出して議論をし、改革を加えることばかり行われてきた。地方分権改革、市町村合併、一連のNPMの導入といった改革も、地方交付税、大都市制度の欠落といった現状をおおむね維持するという選択も、いずれもそれが他の局面にどのように影響するのか、十分に考慮したうえのものではない。このため、ある改革が思いもかけない効果を他の部分で生み出すといった汚染効果（コンタミネーション）が起きてきた。

汚染効果を避けるべく浄化をする、つまり、切り離しを図ることは賢明ではない。地方政府を構成する諸要素は相互に連関してはじめて全体をなしているからだ。今後とるべき方向は、有機体としての性格を正面から認めて改善策を打つことである。有機体をそうでないものと見なしても、それを扱えるようにはならない。

人口という呪縛

日本の地方政府に関する考え方や観念として特徴的なのは、「人口」という視点が常について回ることである。端的に言って、私たちは、国については経済規模（GDP）ばかりを見て、地方については人口規模ばかりを見るのが習い性になっている。逆に、地方については経済規模をあまり意識しない。

国家内で社会や経済の壁を取り払ったのが地方政府の特徴である。そしてたしかに、経済については壁がないのを当然のことと受け止めている。しかし、社会については壁がなくなった結果、人々は移動を強く意識する。そのために人口は目標となり、その減少が嘆かれる。そのとき、念頭に置かれるのは人口の社会増減である。

地方政府の制度もそれを反映して、人口を基準とする。市と町村の違い、市のなかの中核市や指定都市の違いは典型例である。市のなかで「格」が上がると、道府県からの監督が減る。市町村合併でも人口規模が強く意識される。「昇格」基準に色をつけることで合併を促進することすら行われる。そのときに、何のための合併かは見失われやすい。効率化が本当に図られるのか、今後の行財政を本当に担える組織となるのかよりも、合併によって人口がどのくらいになるかが関心事なのである。

日常的な政治や行政にも人口が顔を出す。人口に応じ議会定数は異なる。人口に応じて地方交付税の額が変わる。人口は長期計画の目標となる。国の政策の目標ともなる。人口流出や人口流入を抑制するための政策がとられる。

実際には人口という量的側面では計り知れないものが、地方政府の住民には存在する。年齢構成などはもちろんのこと、日常活動をどこで行うのかもその一つである。人口以外にも見るべき要素はいくつもあるはずだ。

人口という単一の尺度で捉えることは歪みを生むだけである。人々の移動を抑制しようとする政策はその最たるものである。移動が経済的、社会的な機会の獲得でもあるにもかかわらず、それを抑制することは、著しい不平等を生み出す。最初の居住地によって機会が異なることを許容することになるからである。

私たちは今一度、身分制からの解放と移動の自由を認めるという明治維新の成果の意味をかみしめるべきである。

税の決定という困難を引き受ける

日本の地方政府には歳入の自治がない。

言い換えれば、公共問題の解決のためにどれだけの負担を背負うのかを、自分たちで決めていない。地方政府の選挙では、増税・減税が争点となることは、まずない。一般に政治家にとって負担増を選挙で訴えることは、最も避けたいことであるが、それでも時として行われる。有権者も支持を与えることがある。有権者が単なる公共サービスの消費者なのではなく、その究極の担い手として、統治にも責任を持つとはそういうことである。

しかし日本の地方政治家と住民は、この最も困難な仕事から解放されている。

消費税の引き上げが国政では大きな争点となり続けていたが、消費税が引き上げられれば、自動的に地方政府の税収も増加する。日本の地方政治家はその意味では楽な仕事であり、その分、国政政治家が増税の責を背負っている。実際には、それを背負いきれず、国の財政赤字が拡大していく。

どれだけの負担を背負ってどれだけのサービスを受けるのかをセットで考えることが、民主主義の基本である。地方自治は民主主義の学校というが、それならば、私たちはまだ学校に入学していない。この基本を取り戻すことが長期的にも目標とならないのはおかしい。ふるさと納税のように個々人が納税先を決めること以前に、自分たちの地域の税を住民の集合的決定で決めることこそが基本である。

別の見方をすれば、税を誰がどのように背負い、どのような公共サービスを提供するかをセットで考えてこなかったので、人口という量的側面だけを気にして、質的側面に目を向けずにすんだのである。どのような住民が何を必要としているのか、それをどのように皆で支え合うのかを真剣に考えてはじめて、自分たちの地域がどのような住民から成り立っているのかに関心が向くのである。

とはいえ、課税自主権を地方政府に与えればよいという問題ではない。困難な決定ができるような地方政治をつくっていく、そのための制度整備が先である。

考えるべきは、第一に、どのような選挙制度により、どのような政党制をつくり出すかである。争点をまとめ上げ、わかりやすい対立軸にしていくうえで、政党の役割はやはり不可欠である。対立軸を示すことができる政党制がつくれるよう、選挙制度については、政党投票を促進するものにつくり替えていくべきだ。

第二に、住民投票をどのように用いるかである。住民投票は両刃の剣である。特に、税をめぐる場合、カリフォルニア州のように、住民投票に委ねると、増税はきわめて困難になる。住民投票の使い方を考えるうえでも、税の問題は重要である。

日本の場合、地方交付税とセットで地方税の制限が加えられていることを考えれば、地方交付税の見直しも同時に考えなければならない。たとえば、財政調整に特化した交付目的税をつくり、地方政府の税であることを明確化すること（佐藤、2011）は、その一案である。それは結局、地域間再分配をどの程度行うのかという問題ともつながる。

このように並べていくと、この課題は容易には取り組めない課題であることは否めない。しかしそうであっても、いつまでも未就学児であるというのも淋《さび》しい話ではないか。学校に行けば落第することもあるかもしれないが、学ぶ喜びがあるかもしれない。私たちもそろそろ民主主義の学校に行くことを考えてもよい時期ではないだろうか。

あとがき

本書が書店に並ぶのは、二〇一九年の春。四年に一度の統一地方選挙が行われる。そのような機会に、地方政府のしくみと活動について広く知るうえで、本書が役立つならば、筆者としてはまことにうれしい。

もちろん、地方政府の活動は日々つづくことであり、選挙以外のいろいろな局面で、地方政府に関心を持たれたり、注目されたりすることも多いだろう。そうしたとき、本書が地方政府の構造と実態を理解する一助となれば幸いである。

全国で約一七〇〇に及ぶ地方政府の多様性、一つひとつの固有性は大きい。それらの根底にあるしくみを本書では説明してきた。また、そのしくみがどのような経緯でできあがったのか、歴史的な変遷にも触れるようにしてきた。

できるだけ数値を用いながら、地方政府の実態のさまざまな側面を捉えることにも留意した。地方政府の規模や、多様性を理解するには、量的な把握が欠かせない。新書としては図表が多いが、これも、地方政府の実像を描く一つの方法だと考えている。

地方政府は、近代国家によって誕生し、その重要な構成要素の一部である。各国の近代国家としての歩みは、地方政府の姿に色濃く刻印を残す。明治以来一五〇年の日本の歴史と、日本の地方政府は切っても切り離せない。

そうした観点から見たとき、日本の地方政府の最大の特徴は、人口という単純明快な目標設定をしてきたところだと筆者は考える。国としての目標が戦前は富国強兵、戦後は経済成長であったのと同様に、少なくとも戦後の地方政府は、各々が人口の増大を目指してきた。人口を基準に市町村は再編され、指定都市への「昇格」が行われた。

その反面、制度はきわめて画一的であることも、もう一つの特徴だった。都道府県と市町村の二層制を全国で維持してきた。都道府県も市町村も、首長と議会のしくみは同一である。道府県や市町村のなかで規模が大きく違っても、権限や財源はほぼ変わらない。

実態としては人口規模一つで見ても多様なものを、画一的な制度に載せることが果たして可能なのか。そのねじれに対応してきたのが、中央政府から地方政府への財政移転、具体的には地方交付税の制度だった。他国に例を見ないほどに複雑精緻《せいち》な財政移転の制度により地域間再分配を行うことで、多様性と画一性のズレは吸収された。

人口という基準、画一的な政治と行政の制度、大規模な財政調整制度という三点セットは強固だ。一九九〇年代以降の改革の時代により、さまざまな変化が生じたが、それでも根幹は変わっていない。

しかし、これがどこまで維持できるのか。今後はどのような方向性が考えられるのか。本書が、現代日本の地方政府を理解し、その将来の姿を展望する契機となるならば、望外の喜びである。

*

地方政府の全体像を描くためには、政治学と行政学をはじめ、財政学・公共経済学や社会学の知見が必要であった。お一人おひとりのお名前を掲げることは控えるが、先行研究を生み出してくださった多くの研究者に感謝したい。読者諸兄姉におかれては、関心を持たれた論点について、是非、参考文献へ進んでいただきたい。

執筆は苦しく、時間を要した。中央公論新社の白戸直人氏から執筆依頼を受けたのは、前回の統一地方選挙のさらに前だった。都市行政の研究から研究生活を開始し、二〇年以上関わってきたテーマではあるが、対象の広さと複雑さを前に、足踏みをつづけてしまった。ようやく筆を手にできたのは一年前だが、研究論文の執筆には慣れていても、新書の執筆はまったく別の作業だった。最初の草稿は、一方では抽象的な理論、他方では具体的な個別の事例を多く含むものだったが、最終的にはそれらはすべて落とし、分量も三分の二ほどになった。これらすべての過程で、白戸氏から受けた助力はきわめて大きい。深く感謝している。

*

筆者が地方政府に関心を持ったのは、小学生の低学年の頃である。随分と早いように思われるだろうが、父親が市役所の職員だったのだ。仕事について、あまり多くを語る人ではなかったが、時折こぼす愚痴は印象的だった。漠然とだが、社会で働くことの厳しさをそこから感じていた。

父親は、高校卒業以来の四二年間を勤め上げ、地域の老人会や民生委員の活動に精を出す姿を今は見ることができる。父親のような一人ひとりの人間のあり方への興味や関心が、筆者の研究活動の根底にはある。

父親と母親が筆者の基礎を築いてくれたのだとすれば、現在の筆者を支えてくれているのは、妻と二人の息子たちである。筆者の父親とは違い、筆者はいつも家族に愚痴をこぼしている。好きで選んだ仕事なのに、泣き言の多い夫・父親の姿がどのように映っているのかわからないが、筆者にとっては、何でも話せる家族に囲まれ、これほど幸せなことはない。本当にありがとう。

二〇一九年一月　時計台の見える研究室にて

曽我謙悟

参考文献

森脇俊雅訳『集合行為論：公共財と集団理論』ミネルヴァ書房，1983年）．

Peterson, Paul E. 1981. *City Limits.* University of Chicago Press.

Peterson, Paul E. 1995. *The Price of Federalism.* The Brookings Institution.

Rosenbluth, Frances, and Michael F. Thies. 2010. *Japan Transformed: Political Change and Economic Restructuring.* Princeton University Press（徳川家広訳『日本政治の大転換：「鉄と米の同盟」から日本型自由主義へ』勁草書房，2012年）．

Schattschneider, E. E. 1960. *The Semisovereign People: A Realist's View of Democracy in America.* Holt, Rinehart and Winston（内山秀夫訳『半主権人民』而立書房，1972年）．

Tiebout, Charles M. 1956. A Pure Theory of Local Expenditures. *Journal of Political Economy* 64: 416-424.

紀要』4：63-78.
山口二郎. 1987.『大蔵官僚支配の終焉』岩波書店.
山下茂. 2015.『英国の地方自治：その近現代史と特色』第一法規.
山田真裕. 2017.『二大政党制の崩壊と政権担当能力評価』木鐸社.
山谷清志. 2006.『政策評価の実践とその課題：アカウンタビリティのジレンマ』萌書房.
山谷清志. 2010.『公共部門の評価と管理』晃洋書房.
山谷清志. 2012.『政策評価』ミネルヴァ書房.
山本英弘. 2010.「市区町村職員のガバナンス意識」辻中豊・伊藤修一郎編『ローカル・ガバナンス：地方政府と市民社会』木鐸社.
吉田利宏. 2016.『地方議会のズレの構造』三省堂.
吉村弘. 1999.『最適都市規模と市町村合併』東洋経済新報社.
寄本勝美・小原隆治編. 2011.『新しい公共と自治の現場』コモンズ.
ローゼンブルース, フランセス・斉藤淳・山田恭平. 2011.「選挙制度と政党戦略」樋渡展洋・斉藤淳編『政党政治の混迷と政権交代』東京大学出版会.
渡邊大志. 2017.『東京臨海論：港からみた都市構造史』東京大学出版会.
渡邊貴史・小山雄資・内田勝也・吉田友彦. 2008.「香川県営住宅ストック総合活用計画の策定状況の解明」『長崎大学総合環境研究』11（1）：35-44.
渡辺浩. 2010.『日本政治思想史［十七〜十九世紀］』東京大学出版会.

Aldrich, Daniel P. 2008. *Site Fights: Divisive Facilities and Civil Society in Japan and the West.* Cornell University Press（湯浅陽一監訳『誰が負を引き受けるのか：原発・ダム・空港立地をめぐる紛争と市民社会』世界思想社, 2012年）.
Ashford, Douglas E. 1982. *British Dogmatism and French Pragmatism: Central-Local Policymaking in the Welfare State.* George Allen & Unwin.
Blom-Hansen, Jens, Kurt Houlberg, and Soren Serritzlew. 2014. Size, Democracy, and the Economic Costs of Running the Political System. *American Journal of Political Science* 58: 790-803.
Glaeser, Edward L. 2011. *Triumph of the City: How Our Greatest Invention Makes Us Richer, Smarter, Greener, Healthier, and Happier.* Penguin（山形浩生訳『都市は人類最高の発明である』NTT 出版, 2012年）.
Hirota, Haruaki, and Hideo Yunoue. 2017. Evaluation of the Fiscal Effect on Municipal Mergers: Quasi-Experimental Evidence from Japanese Municipal Data. *Regional Science and Urban Economics* 66: 132-149.
Horiuchi, Yusaku. 2005. *Institutions, Incentives and Electoral Participation in Japan: Cross-Level and Cross-National Perspectives.* Routledge.
Lesbirel, S. Hayden. 1998. *NIMBY Politics in Japan: Energy Siting and the Management of Environmental Conflict.* Cornell University Press.
Matsubayashi, Tetsuya, Michiko Ueda, and Takayoshi Uekami. 2015. District Population Size and Candidates' Vote-Seeking Strategies: Evidence from Japan. *Journal of Elections, Public Opinion and Parties* 25: 159-177.
Newsom, Gavin Christopher, and Lisa Dickey. 2013. *Citizenville: How to Take the Town Square Digital and Reinvent Government.* Penguin Press（稲継裕昭監訳・町田敦夫訳『未来政府：プラットフォーム民主主義』東洋経済新報社, 2016年）.
Olson, Mancur. 1965. *The Logic of Collective Action.* Harvard University Press（依田博・

東京大学出版会.
前田貴洋. 2016.「自治体における人事異動の実証分析：岡山県幹部職員を事例として」『法学会雑誌』56（2）：343-391.
前田幸男. 1995.「連合政権構想と知事選挙：革新自治体から総与党化へ」『国家学会雑誌』108（11/12）：121-182.
牧原出. 2003.『内閣政治と「大蔵省支配」：政治主導の条件』中央公論新社.
牧原出. 2013.『権力移行：何が政治を安定させるのか』NHK 出版.
増田寛也編著. 2014.『地方消滅：東京一極集中が招く人口急減』中央公論新社.
待鳥聡史. 2015.『政党システムと政党組織』東京大学出版会.
松井望. 2007.「東京都における管理職試験制度の成立（一）・（二・完）」『法学会雑誌』47（2）：155-193, 48（2）：399-435.
松尾浩一郎. 2015.『日本において都市社会学はどう形成されてきたか：社会調査史で読み解く学問の誕生』ミネルヴァ書房.
松沢裕作. 2009.『明治地方自治体制の起源：近世社会の危機と制度変容』東京大学出版会.
松沢裕作. 2013.『町村合併から生まれた日本近代：明治の経験』講談社.
真渕勝. 1994.『大蔵省統制の政治経済学』中央公論社.
真渕勝. 2015.『風格の地方都市』慈学社.
馬渡剛. 2010.『戦後日本の地方議会：1955～2008』ミネルヴァ書房.
御厨貴. 2010.『権力の館を歩く』小学館.
水飼幸之助. 1972.「終戦直後の第一次地方制度改革：改正法律の立法過程をめぐって」『法学論集』9：167-200.
水口憲人. 2007.『都市という主題：再定位に向けて』法律文化社.
水島治郎. 2016.『ポピュリズムとは何か：民主主義の敵か、改革の希望か』中央公論新社.
水田淳士. 2005.「合併パターンと市町村の規模・能力」田村悦一・水口憲人・見上崇洋・佐藤満編『分権推進と自治の展望』日本評論社.
三田妃路佳. 2010.『公共事業改革の政治過程：自民党政権下の公共事業と改革アクター』慶應義塾大学出版会.
三谷博. 2017.『維新史再考：公議・王政から集権・脱身分化へ』NHK 出版.
光本伸江. 2011.『自治の重さ：夕張市政の検証』敬文堂.
三船毅. 2008.『現代日本における政治参加意識の構造と変動』慶應義塾大学出版会.
村松岐夫. 1981.「補助金制度の政治行政上の意義」『自治研究』57（9）：3-32.
村松岐夫. 1988.『地方自治』東京大学出版会.
村松岐夫・稲継裕昭・日本都市センター編. 2009.『分権改革は都市行政機構を変えたか』第一法規.
森脇俊雅. 2007.「戦前の地方議会と首長の関係について：データからの検討」『法と政治』58（1）：344-321.
森脇俊雅. 2013.『日本の地方政治：展開と課題』芦書房.
八木信一. 2004.『廃棄物の行財政システム』有斐閣.
柳至. 2010a.「地方政府における外部委託の状況」辻中豊・伊藤修一郎編『ローカル・ガバナンス：地方政府と市民社会』木鐸社.
柳至. 2010b.「参加制度の導入と市民社会組織の政策参加」辻中豊・伊藤修一郎編『ローカル・ガバナンス：地方政府と市民社会』木鐸社.
矢野順子・松林哲也・西澤由隆. 2005.「自治体規模と住民の政治参加」『選挙学会

田中宏樹．2013．『政府間競争の経済分析：地方自治体の戦略的相互依存の検証』勁草書房．

田村秀．2006．『自治体ナンバー２の役割：日米英の比較から』第一法規．

築山宏樹．2014．「地方議員の立法活動：議員提出議案の実証分析」『年報政治学』2014（2）：185-210．

辻陽．2014．『戦後日本地方政治史論：二元代表制の立体的分析』木鐸社．

辻清明．1976．『日本の地方自治』岩波書店．

土居丈朗．2010．「バブル・デフレ期の地方財政：財政赤字と地域間格差」井堀利宏編『バブル／デフレ期の日本経済と経済政策　財政政策と社会保障』慶應義塾大学出版会．

東京市政調査会編．2006．『大都市のあゆみ』東京市政調査会．

東大社研・玄田有史・中村尚史．2009．『希望学３　希望をつなぐ　釜石からみた地域社会の未来』東京大学出版会．

東大社研・玄田有史編．2013．『希望学　あしたの向こうに：希望の福井，福井の希望』東京大学出版会．

中澤克佳・宮下量久．2016．『「平成の大合併」の政治経済学』勁草書房．

中澤秀雄．2012．「地方と中央：「均衡ある発展」という建前の崩壊」小熊英二編『平成史』河出書房新社．

中静未知．1998．『医療保険の行政と政治：一八九五〜一九五四』吉川弘文館．

長野基．2014．「日本の基礎自治体ガバナンスにおける無作為型市民参加の研究：事業評価における取組みを中心として」『年報政治学』2014（2）：41-65．

中山徹．2010．『人口減少時代のまちづくり：21世紀＝縮小型都市計画のすすめ』自治体研究社．

西尾勝．1999．『未完の分権改革』岩波書店．

西尾勝．2007．『地方分権改革』東京大学出版会．

日本経済新聞社．2007．『地方崩壊　再生の道はあるか』日本経済新聞出版社．

林嶺那．2014．「人事異動における構造とその論理：東京都における管理職人事（1993〜2004年）を題材に」『年報行政研究』49：138-159．

林嶺那．2015．「東京都における人事管理の研究：稲継モデルを手掛かりとして」『国家学会雑誌』128（1）：119-190．

原武史．1998．『「民都」大阪対「帝都」東京：思想としての関西私鉄』講談社．

原武史．2012．『団地の空間政治学』NHK 出版．

原武史・重松清．2010．『団地の時代』新潮社．

ヒジノ，ケン・ビクター・レオナード（石見豊訳）．2015．『日本のローカルデモクラシー』芦書房．

平田彩子．2017．『自治体現場の法適用：あいまいな法はいかに実施されるか』東京大学出版会．

平野淳一．2008．「「平成の大合併」と市長選挙」『選挙研究』24（1）：32-39．

平本一雄．2000．『臨海副都心物語：「お台場」をめぐる政治経済力学』中央公論新社．

平山洋介．2009．『住宅政策のどこが問題か：〈持家社会〉の次を展望する』光文社．

平山洋介．2011．『都市の条件：住まい、人生、社会持続』NTT 出版．

平山洋介・斎藤浩．2013．『住まいを再生する：東北復興の政策・制度論』岩波書店．

廣瀬克哉．2010．『「議員力」のススメ』ぎょうせい．

藤吉雅春．2015．『福井モデル：未来は地方から始まる』文藝春秋．

前田健太郎．2014．『市民を雇わない国家：日本が公務員の少ない国へと至った道』

下條美智彦．1996．『フランスの行政』早稲田大学出版部．

新藤宗幸．2004．『概説　日本の公共政策』東京大学出版会．

新藤宗幸．2006．『財政投融資』東京大学出版会．

菅原琢．2004．「日本政治における農村バイアス」日本政治研究学会編『日本政治研究』1（1）：53-86．

杉本仁．2017．『民俗選挙のゆくえ：津軽選挙 vs 甲州選挙』梟社／新泉社．

鈴木潔．2009．『強制する法務・争う法務：行政上の義務履行確保と訴訟法務』第一法規．

鈴木亘．2010．『財政危機と社会保障』講談社．

砂原庸介．2010．「地方における政党政治と二元代表制：地方政治レベルの自民党「分裂」の分析から」『レヴァイアサン』47：89-107．

砂原庸介．2011a．『地方政府の民主主義：財政資源の制約と地方政府の政策選択』有斐閣．

砂原庸介．2011b．「地方への道：国会議員と地方首長の選挙政治」『年報政治学』2011（2）：98-121．

砂原庸介．2012．『大阪：大都市は国家を超えるか』中央公論新社．

砂原庸介．2015．「大都市をめぐる2つのガバナンス：大都市制度改革の困難」宇野重規・五百旗頭薫編『ローカルからの再出発：日本と福井のガバナンス』有斐閣．

砂原庸介．2017．『分裂と統合の日本政治：統治機構改革と政党システムの変容』千倉書房．

砂原庸介．2018．『新築がお好きですか？：日本における住宅と政治』ミネルヴァ書房．

関智弘．2014．「組織人としてのケースワーカー：ストリートレベルの官僚制の再検討」『年報行政研究』49：81-98．

曽我謙悟．1998-2000．「アーバン・ガバナンスの比較分析：英・仏・日の都市空間管理を中心に（1）～（6・完）」『国家学会雑誌』111（7/8）：1-75, 112（1/2）：61-150, 112（5/6）：35-112, 112（9/10）：1-85, 113（1/2）：34-98, 113（3/4）：1-68．

曽我謙悟．2001．「地方政府と社会経済環境：日本の地方政府の政策選択」『レヴァイアサン』28：70-96．

曽我謙悟．2011．「都道府県議会における政党システム：選挙制度と執政制度による説明」『年報政治学』2011（2）：122-146．

曽我謙悟．2012．「政党・会派・知事与野党：地方議員における組織化の諸相」『レヴァイアサン』51：114-135．

曽我謙悟．2016．『現代日本の官僚制』東京大学出版会．

曽我謙悟．2018a．「「安倍一強」のデータ分析：内閣人事局は何を変えたのか」『中央公論』132（6）：50-59．

曽我謙悟．2018b．「選挙管理委員会事務局の能力・専門性・自律性：選管アンケート調査に見るその実態」大西裕編『選挙ガバナンスの実態　日本編：「公正・公平」を目指す制度運用とその課題』ミネルヴァ書房．

曽我謙悟・待鳥聡史．2007．『日本の地方政治：二元代表制政府の政策選択』名古屋大学出版会．

建林正彦．2017．『政党政治の制度分析：マルチレベルの政治競争における政党組織』千倉書房．

建林正彦・曽我謙悟・待鳥聡史．2008．『比較政治制度論』有斐閣．

田中孝男．2015．『自治体法務の多元的統制：ガバナンスの構造転換を目指して』第一法規．

か』東洋経済新報社.
加茂利男・稲継裕昭・永井史男編著. 2010.『自治体間連携の国際比較：市町村合併を超えて』ミネルヴァ書房.
加茂利男・徳久恭子編著. 2016.『縮小都市の政治学』岩波書店.
河合雅司. 2017.『未来の年表：人口減少日本でこれから起きること』講談社.
河村和徳. 2010.『市町村合併をめぐる政治意識と地方選挙』木鐸社.
北川雅敏. 2003.「地方分権改革と市町村合併」『レヴァイアサン』33：52-76.
北原鉄也. 1998.『現代日本の都市計画』成文堂.
北村亘. 2006.「三位一体改革による中央地方関係の変容：3すくみの対立，2段階の進展，1つの帰結」東京大学社会科学研究所編『「失われた10年」を超えて［II］小泉改革への時代』東京大学出版会.
北村亘. 2008.『地方財政の行政学的分析』有斐閣.
北村亘. 2013.『政令指定都市』中央公論新社.
北村亘・青木栄一・平野淳一. 2017.『地方自治論：2つの自律性のはざまで』有斐閣.
北山俊哉. 2011.『福祉国家の制度発展と地方政府：国民健康保険の政治学』有斐閣.
木寺元. 2012.『地方分権改革の政治学：制度・アイディア・官僚制』有斐閣.
城戸英樹・中村悦大. 2008.「市町村合併の環境的要因と戦略的要因」『年報行政研究』43：112-130.
木下斉. 2015.『稼ぐまちが地方を変える：誰も言わなかった10の鉄則』NHK出版.
木下斉. 2016.『地方創生大全』東洋経済新報社.
金今善. 2016.『自治体行政における紛争管理：迷惑施設立地問題とどう向き合うか』ユニオンプレス.
金宗郁. 2009.『地方分権時代の自治体官僚』木鐸社.
轡田竜蔵. 2017.『地方暮らしの幸福と若者』勁草書房.
功刀俊洋. 1999.『戦後地方政治の出発：1946年の市長公選運動』敬文堂.
久保慶明. 2010.「影響力構造の多元化と市民社会意識・審議会」辻中豊・伊藤修一郎編『ローカル・ガバナンス：地方政府と市民社会』木鐸社.
久保田滋・樋口直人・矢部拓也・高木竜輔. 2008.『再帰的近代の政治社会学：吉野川可動堰問題と民主主義の実験』ミネルヴァ書房.
小田切康彦. 2014.『行政－市民間協働の効用：実証的接近』法律文化社.
駒林良則. 2017.「自治体基本構造の法的議論に関する覚書」『立命館法学』373：149-189.
斉藤淳. 2010.『自民党長期政権の政治経済学：利益誘導政治の自己矛盾』勁草書房.
斉藤淳. 2011.「地方行財政改革と政権交代」樋渡展洋・斉藤淳編『政党政治の混迷と政権交代』東京大学出版会.
佐々木信夫. 2010.『都知事：権力と都政』中央公論新社.
笹部真理子. 2017.『「自民党型政治」の形成・確立・展開：分権的組織と県連の多様性』木鐸社.
貞包英之. 2015.『地方都市を考える：「消費社会」の先端から』花伝社／共栄書房.
佐藤俊一. 2002.『地方自治要論』成文堂.
佐藤俊樹. 2000.『不平等社会日本：さよなら総中流』中央公論新社.
佐藤主光. 2011.『地方税改革の経済学』日本経済新聞出版社.
島田恵司. 2007.『分権改革の地平』コモンズ.
清水真人. 2006.『官邸主導：小泉純一郎の革命』日本経済新聞社.
清水真人. 2015.『財務省と政治：「最強官庁」の虚像と実像』中央公論新社.

参考文献

稲継裕昭. 2000.『人事・給与と地方自治』東洋経済新報社.
今井照. 2008.『「平成大合併」の政治学』公人社.
今井照. 2017.『地方自治講義』筑摩書房.
今井良幸. 2013.「地方自治における「再議」制度についての一考察：否決された議案は再議の対象にはならないのか」『岐阜経済大学論集』46 (3)：1-19.
上神貴佳・堤英敬編. 2011.『民主党の組織と政策：結党から政権交代まで』東洋経済新報社.
上野淳・松本真澄. 2012.『多摩ニュータウン物語：オールドタウンと呼ばせない』鹿島出版会.
内海麻利. 2010.『まちづくり条例の実態と理論：都市計画法制の補完から自治の手だてへ』第一法規.
内貴滋. 2009.『英国行政大改革と日本：「地方自治の母国」の素顔』ぎょうせい.
内山融. 2007.『小泉政権：「パトスの首相」は何を変えたのか』中央公論新社.
宇野重規・五百旗頭薫編. 2015.『ローカルからの再出発：日本と福井のガバナンス』有斐閣.
江藤俊昭. 2011.『地方議会改革：自治を進化させる新たな動き』学陽書房.
大西隆編. 2011.『人口減少時代の都市計画：まちづくりの制度と戦略』学芸出版社.
大西裕編. 2013.『選挙管理の政治学：日本の選挙管理と「韓国モデル」の比較研究』有斐閣.
大西裕編. 2017.『災害に立ち向かう自治体間連携：東日本大震災にみる協力的ガバナンスの実態』ミネルヴァ書房.
大西裕編. 2018.『選挙ガバナンスの実態　日本編：「公正・公平」を目指す制度運用とその課題』ミネルヴァ書房.
大森彌. 2008.『変化に挑戦する自治体：希望の自治体行政学』第一法規.
岡田一郎. 2016.『革新自治体：熱狂と挫折に何を学ぶか』中央公論新社.
小野寺淳. 1991.「村落の社会組織に及ぼす相給支配の影響」『筑波大学人文地理学研究』15：251-267.
小山雄資・吉田友彦. 2007.「転居の可能性からみた廃止・削減を伴う公営住宅の再編に関する研究：香川県営住宅を事例として」『都市計画論文集』42 (3)：211-216.
梶原晶. 2012.「知事の選択としての三位一体改革：全国知事会における補助金削減案議決過程の計量分析」『年報政治学』2011 (2)：375-397.
梶原晶. 2014.「国会議員の政策選好としての地方分権改革」『選挙研究』30 (2)：91-104.
片岡正昭. 1994.『知事職をめぐる官僚と政治家』木鐸社.
金井利之. 1994.「中央地方の財政調整制度」西尾勝・村松岐夫編『講座行政学第2巻・制度と構造』有斐閣.
金井利之. 1999.『財政調整の一般理論』東京大学出版会.
金井利之. 2007.『自治制度』東京大学出版会.
金井利之. 2010.『実践　自治体行政学：自治基本条例・総合計画・行政改革・行政評価』第一法規.
金井利之. 2012.「東京都政論：あるいは人間不在の都政」飯尾潤・苅部直・牧原出編『政治を生きる：歴史と現代の透視図』中央公論新社.
金井利之. 2013.『組織・人材育成』ぎょうせい.
上川龍之進. 2010.『小泉改革の政治学：小泉純一郎は本当に「強い首相」だったの

参考文献

饗庭伸．2015．『都市をたたむ：人口減少時代をデザインする都市計画』花伝社．

饗庭伸・東京自治研究センター．2015．『東京の制度地層：人びとの営みがつくりだしてきたもの』公人社．

青木栄一．2013．『地方分権と教育行政：少人数学級編制の政策過程』勁草書房．

青木昌彦．1995．『経済システムの進化と多元性』東洋経済新報社．

青木昌彦・奥野（藤原）正寛編著．1996．『経済システムの比較制度分析』東京大学出版会．

赤枝尚樹．2015．『現代日本における都市メカニズム：都市の計量社会学』ミネルヴァ書房．

天川晃．2017．『戦後自治制度の形成：天川晃最終講義』左右社．

新垣二郎．2010．「市町村合併政策の形成過程：「昭和の大合併」期の分町・分村に着目して」『ソシオサイエンス』16：65-80．

有馬晋作．2011．『劇場型首長の戦略と功罪：地方分権時代に問われる議会』ミネルヴァ書房．

飯田泰之・木下斉・川崎一泰・入山章栄・林直樹・熊谷俊人．2016．『地域再生の失敗学』光文社．

飯塚一幸．2017．『明治期の地方制度と名望家』吉川弘文館．

猪谷千香．2016．『町の未来をこの手でつくる：紫波町オガールプロジェクト』幻冬舎．

石田頼房．1987．『日本近代都市計画の百年』自治体研究社．

石田頼房．2004．『日本近現代都市計画の展開：1868-2003』自治体研究社．

礒崎初仁・金井利之・伊藤正次．2014．『地方自治［第3版］』北樹出版．

市川喜崇．2011．「市町村総合行政主体論と「平成の大合併」：市町村自己完結主義の批判と「総合性」の擁護」寄本勝美・小原隆治編『新しい公共と自治の現場』コモンズ．

市川喜崇．2012．『日本の中央―地方関係：現代型集権体制の起源と福祉国家』法律文化社．

一瀬敏弘．2014．「地方採用警察官の昇進構造：人事データと警察官僚の聞きとり調査による実証分析」『公共政策研究』14：109-124．

伊藤公一朗．2017．『データ分析の力：因果関係に迫る思考法』光文社．

伊藤修一郎．2002．『自治体政策過程の動態：政策イノベーションと波及』慶應義塾大学出版会．

伊藤修一郎．2004．「町村役場の組織：ニセコ町、東村、上野村の比較事例研究」『群馬大学社会情報学部研究論集』11：161-179．

伊藤修一郎．2006．『自治体発の政策革新：景観条例から景観法へ』木鐸社．

伊藤守・渡辺登・松井克浩・杉原名穂子．2005．『デモクラシー・リフレクション：巻町住民投票の社会学』リベルタ出版．

稲垣浩．2015．『戦後地方自治と組織編成：「不確実」な制度と地方の「自己制約」』吉田書店．

稲継裕昭．1996．『日本の官僚人事システム』東洋経済新報社．

曽我謙悟（そが・けんご）

1971（昭和46）年兵庫県生まれ．94年東京大学法学部卒業．同年東京大学大学院法学政治学研究科助手．97年大阪大学法学部助教授，神戸大学大学院法学研究科教授を経て，2015年より京都大学大学院法学研究科教授．専攻，行政学，現代日本政治．

著書『ゲームとしての官僚制』（東京大学出版会，2005年）
『行政学』（有斐閣，2013年）
『現代日本の官僚制』（東京大学出版会，2016年）

共著『日本の地方政治――二元代表制政府の政策選択』（名古屋大学出版会，2007年）
『比較政治制度論』（有斐閣，2008年）
他多数

日本《にほん》の地方政府《ちほうせいふ》
中公新書 2537

2019年4月25日発行

著　者　曽我謙悟
発行者　松田陽三

本文印刷　三晃印刷
カバー印刷　大熊整美堂
製　本　小泉製本

発行所　中央公論新社
〒100-8152
東京都千代田区大手町 1-7-1
電話　販売 03-5299-1730
　　　編集 03-5299-1830
URL http://www.chuko.co.jp/

Published by CHUOKORON-SHINSHA, INC.
Printed in Japan　ISBN978-4-12-102537-1 C1231

中公新書

政治・法律

h1

125 法と社会 碧海純一
1865 ドキュメント 検察官 読売新聞社会部
819 アメリカン・ロイヤーの誕生 阿川尚之
2347 代議制民主主義 待鳥聡史
2469 議院内閣制―変貌する英国モデル 高安健将
1905 日本の統治構造 飯尾潤
1687 日本の選挙 加藤秀治郎
1708 日本型ポピュリズム 大嶽秀夫
2283 日本政治とメディア 逢坂巌
1845 首相支配―日本政治の変貌 竹中治堅
2428 自民党―「一強」の実像 中北浩爾
2233 民主党政権 失敗の検証 日本再建イニシアティブ
2101 国会議員の仕事 林芳正 津村啓介
2370 公明党 薬師寺克行
1522 戦後史のなかの日本社会党 原彬久
2191 大阪―大都市は国家を超えるか 砂原庸介
2224 政令指定都市 北村亘
2418 沖縄問題―リアリズムの視点から 高良倉吉編著
2439 入門 公共政策学 秋吉貴雄
2537 日本の地方政府 曽我謙悟